國文

普通型高級中學

▼

03

編輯大意

一、本書依據教育部於中華民國一〇七年一月二十五日發佈之「十二年國民基本教育課程綱要國民中小學暨普通型高級中等學校語文領域－國語文」編寫。

二、本書共分五冊，供普通高級中學三學年五學期教學使用。

三、本書的目標，在於提升你閱讀理解的能力、文學感受的能力、同理多元文化的能力和運用語文來表達及思辨的能力。

四、每一冊課本都會聚焦在一個主題，其下會有三個單元、每單元配屬二到三課課文。「主題」、「單元」、「課文」三個層次之間是彼此連結的。因此，我們建議你在進入新單元時，可以先快速讀過該單元的導言和課文，形成一個整體印象，這可以加深你的理解。

五、每個單元的「導言」會告訴你這些課文為何值得一讀，以及它們共同關切的主題是什麼。文學作品不只能帶來美感的體驗，也能帶來深度的思考，好的文學作品都是在處理人們生活中的各種議題。你可以參考他們的文章，想想你自己是否也面對過同樣的處境？你的想法與他們有何相同、又有何不同？

六、在第一冊到第四冊，我們額外附加了「中國文學史單元」，分成「先秦」、「漢魏六朝」、「唐宋」、「元明清」四個部分。這是為了讓你能依照時間順序理解中國文學史的演變，你在複習時也可以單獨抽出這些單元來閱讀。

七、在課文中，我們配置了「題解」、「作者」、「提問」、「注釋」、「問題與討論」、「寫作練習」、「延伸閱讀」和「BOX」等欄位。這些欄位是為了幫助你更深刻地理解課文，從中學習怎麼閱讀一篇文章。我們特別希望你善用「提問」、「BOX」、「延伸閱讀」和「寫作練習」四個欄位。「提問」會引導你注意一些可能會漏掉的關鍵細節。「BOX」則會補充一些關鍵知識，讓你更進一步理解文章的特點或作者的暗示。「延伸閱讀」會包含與課文相同主題，但年代或媒介不同的作品，包含文學作品、非虛構寫作、電影、音樂、動漫等，若能在課餘時大量閱聽，能讓你更深入地理解課文。「寫作練習」則會讓你從模仿課文的手法開始，一步步建立寫作的工具箱。

八、在課本的最後，我們設有「閱讀超連結」這個單元。這個單元會收錄數篇自學篇章，供你在課餘時進一步閱讀。它們也都跟課本中的各個單元有所呼應，可能會補充單元中沒有提到的面向，也可能會提供完全不同的觀點。「閱讀超連結」的文章沒有題解、作者與注釋，挑戰性會比課文高一些，但你可以藉此磨練自己獨立閱讀新文章的能力。這樣一來，不管是對你未來的生活、還是考場上的表現，都會有實際的幫助。

九、目次加上「■」者為一〇八課綱十五篇推薦選文篇目。

十、依課綱規定，我們也編寫了二學分的「中華文化基本教材」。我們依照教學節數的比例，共編撰六單元。為了增加教學的靈活彈性，在授課時數與學分規劃上將「中華文化基本教材」課次平均安排在第二冊到第四冊，因此第二冊到第四冊的課本只編撰了十課課文。

十一、呼應課本對於閱讀理解以及人文性、思辨性的重視，「中華文化基本教材」的編寫採取廣義人文學的視野，側重文化思想以及哲理概念的闡發，而非文字篇章與文本表述的層面。希望呈現中華文化中各家思想的精華，並且普及學術界的研究成果。六單元的文教選文中融入了人權教育、家庭教育、生命教育、品德教育、法治教育、多元文化教育、閱讀素養等當代議題。我們希望你能用現代生活的處境與思維去理解這些思想性文本，並且與之對話，從中汲取生命的養分與智慧。

十二、對應課本的架構與精神，「中華文化基本教材」的每一單元也都設有「導言」、「文本選讀」、「注釋」、「BOX」、「章旨詮釋」、「問題與討論」、「提問」等部分。我們希望你感知到選文的內涵與意義，不只是記誦解釋、翻譯，也不必單向的接受教條與訓話。在「關於人文精神」、「人性與文明的演進」、「人際的互動與衝突」、「公共領域的構成與治理」、「語言、知識與經典」以及「通往自由與幸福的道路」等六個單元中，我們邀請你參與一場思想的探索與冒險，透過文本，與哲人們圍坐，共同思考、辯詰著關於自我成長與生命發展的重要問題。在編排上採用橫排，請從296頁（文教２）開始左翻閱讀。

十三、不管是在課堂上、還是獨自閱讀的時候，保持獨立思考都是一件好事。就算是我們在課本中提供的說法，也不見得是這個世界的真理。如果你能提出與課本不同的看法，並且透過邏輯或更多的資料證明自己是正確的，那作為課本編者的我們也會非常開心。閱讀並且激盪出新的想法，這樣的行為正是對作家、作品最大的敬重。

十四、雖然你可能有別的興趣，但我們可以向你保證：我們會盡力提供一個多元、豐富、有趣的文學世界。只要你願意放開心胸閱讀，你會發現自己將會在這個過程中更了解自己，也更了解這個世界。

目次

第一單元

愛情

導言
愛情

本單元討論的是「愛情」。

從最嚴肅的文學作品，到最通俗的流行文化，「愛情」一直都是人類最關心的主題。千百年來，描寫各種愛情樣態的作品難以盡數，題材與手法似乎永不枯竭。「愛情」之所以能激起每一代創作者的熱情，除了它本身就蘊含了熾熱的激情、糾葛的關係、對永恆事物的浪漫想像（與求之不得）外，也因為它涉及到人們的「選擇」。在最近的幾個世紀中，「自由戀愛」的重點不只是「戀愛」，也是「自由」：選擇與誰共度一生的自由，選擇如何度過一生的自由，乃至選擇自己是什麼樣的人的自由。因此，歌頌愛情的力量，往往也意味著對抗封建傳統強加給人的桎梏，對抗命運與他人所帶來的限制。

「選擇」構成了我們之所以是我們的原因。我們不能選擇自己的出身，不能選擇自己的種族、階級或性別，但我們可以選擇「某個人」，並且互相選擇。如此一來，「愛情」就有了比情感衝動更深一層意義。在本單元中，我們選擇了一段小說、兩首現代詩來討論「愛情」這個主題，並且以「試探」、「盟誓」、「追憶」三個階段來串連課文。

第一課是《紅樓夢》節錄，我們選擇的是第二十九回當中，寶玉和黛玉嘔氣吵架的段落。在這段情節裡，寶玉和黛玉分明在乎對方，卻又抱持著極大的不安全感，無法確證對方的心意。因此，他們為了細故來回爭吵，意不在傷害對方，而是希望能夠試探對方的心意。然而人情的微妙處就在於越是如此試探，越反而是只有平添傷害而沒有增加理解。而周邊的婢女、長輩就算明白兩人的心結，卻也沒辦法成功化解。不但讓我們看到愛情關係的複雜，也可以進一步思考「語言」跟「心意」之間的距離——之所以需要「試探」，不正是因為心意的阻隔與語言的不準確性嗎？

接著，我們會在「現代詩選」中讀到楊佳嫻的〈大安〉。這首詩描寫的是兩人歷經曲折，終究心意相通。與上一課的小說體裁不同，這首情詩是單方面的傾訴、告白，多有濃情蜜意的意象。然而值得注意的是，這首詩也並非只是描述天真的熱烈，而有「坦然是你攜我在渡口／大風愀然，聽見自己放心的／哭聲，提示勇氣與決定」這樣的句子，「哭聲」暗示了敘事者和對方一同走過的曲折情路，最終才選擇訂立盟誓，進入「將愛，將遠行」的旅程。愛情是精神之間的強烈連結，然而兩人的關係終究是無法脫離社會脈絡，情路之困難曲折，往往也顯示了個人與社會之間的緊張關係。

最後，我們將讀到鯨向海〈車過東港不老橋〉。鯨向海輕盈幽默的文字風格，正與楊佳嫻的唯美抒情成為對照。然而文字輕盈幽默，主題卻反而帶有深沈的悲傷。〈車過東港不老橋〉借用了夏宇〈背著你跳舞〉的典故，以「不老橋」這個意象反襯時間的流逝、愛情的失落，所有不老的承諾，終究難以抵擋「微笑的強盜」，是「流年暗中偷換」的現代版本。最刻骨銘心的愛情，卻未必是人生最後的歸向，在這樣的追憶中，我們接觸到了「選擇」的另一面，一種所求不得的遺憾。

無論你現在所處的環境如何，你身邊甚至是你自己，或多或少都開始遭遇一些感情事件了吧。每個人的遭遇與感受都是獨一無二的，然而文學能讓我們暫時地與其他人類共感，知道自己並不是孤單地面對同樣的騷動、甜美或挫敗。關於「愛情」之類的「選擇」，我們可以一起在文字裡面多想幾次。

第一課　《紅樓夢》（節錄）

題　解

《紅樓夢》與《西遊記》、《三國演義》、《水滸傳》並列為中國經典小說的「四大名著」。它的特殊之處，在於作者曹雪芹融合極精緻豐富的文化藝術涵養、細膩入微的文學筆調，以及自身跌宕曲折的生命經驗，建構了一個龐大精細的世界。它鉅細靡遺地反映了十八世紀前半葉，清代統治階級和文化菁英的生活樣貌。

《紅樓夢》的內容豐富，版本也繁多複雜。歷代學者考證、批註、研究的成果十分豐厚，甚至形成了一個獨立的研究領域「紅學」。

本課所選取的段落出自第二十九回「享福人福深還禱福　多情女情重愈斟情」，扣合《紅樓夢》中的情愛主題。賈寶玉和林黛玉的情感，有紅樓故事設定的絳珠草（黛玉）和神瑛侍者（寶玉）之間「木石之盟」作為底蘊。偏偏，生來就有金釵的寶釵，和生來擁有玉石的寶玉，又可比附作「金玉良緣」，在少年男女的心緒中平添波瀾。於是而有本課話中有話、各有心事、衷曲難言的僵局。

曹雪芹摹寫人性、人心當中幽微曲折的細筆，歷來為論者稱道。本課的選文，主題即是曹雪芹描寫林黛玉、賈寶玉兩人，情竇初開而彼此傾心之餘，有了誤會，彼此拌嘴卻句句有言外之意的筆調與技巧，不但情感描寫十分細緻，兩人、兩婢的結構亦十分工整。

作者

曹雪芹（西元一七一五年—西元一七六三年），出生於清代江寧府（今中國江蘇省南京市），本名曹霑，雪芹是其字號。曹雪芹的出生地以及他的人生，都和其家族與清代統治者愛新覺羅氏之間的關係密不可分。

曹雪芹的先祖是滿人，曾隨努爾哈赤征戰。後來更成為多爾袞的家臣，是所謂的「包衣」，也就是服侍女真皇族、宗室的近臣。曹雪芹的曾祖母曾是清朝康熙帝的奶娘，曹家因此更加受到皇室寵幸，曾祖父曹璽因而被任命為負責在江南地區採辦皇室日用絲綢的「江南織造」。曹家江南織造的官職，一直世襲至曹雪芹的父親一輩。康熙帝歷次南巡，多由曹家接駕。曹雪芹並有兩名姑母被選為王妃，可見曹家受康熙帝青睞寵幸的程度。

但曹家與皇室密切往來，送往迎來的開銷很大，導致曹家實際的經濟狀況日漸無法支撐表面的尊榮。康熙帝逝世後，曹家終於在雍正年間因為與皇室及國庫間的債務糾紛被抄家，家族的政經地位一夕瓦解。

曹雪芹成長於富裕之中，嫻熟於詩詞、書畫、戲曲等文化藝術教養。人生後半家道中落，他便以自己的藝術涵養和家族經歷寫成《紅樓夢》，繁華落盡的蒼涼也就成為貫穿《紅樓夢》的主題，因此後世多認為《紅樓夢》是具有高度自傳性的文學巨著。

且說寶玉因見林黛玉又病了，心裏放不下，飯也懶去吃，不時來問。黛玉又怕他有個好歹，因說道：「你只管看你的戲去，在家裏作什麼？」[a] 寶玉因昨日張道士提親，心中大不受用，今聽見黛玉如此說，因想道：「別人不知道我的心還可恕，連她也奚落[1]起我來。」因此心中更比往日的煩惱加了百倍。

若是別人跟前，斷[2]不能動這肝火[3]，只是黛玉說了這話，倒比往日別人說這話不同，由不得立刻沉下臉來道：「我白認得了你。罷了，罷了！」林黛玉聽說，便冷笑了兩聲，「我也知道白認得了我，我哪裏像人家，有什麼配得上呢！」[b] 寶玉聽了，便向前來直問到臉上：「你這麼說，是安心[4]咒我天誅地滅？」

提問

a 在這段，黛玉心裡想的是「怕他有個好歹」，為什麼不直接說出來，而要說「只管看你的戲去」？你能否說明這是怎樣的心理？

b 參看「題解」欄，黛玉所說的「哪裡像人家，有什麼配得上」中，「人家」是誰？「配」是指什麼物件？為什麼黛玉要這樣說？

黛玉一時解不過這話來。寶玉又道：「昨兒我還為這個賭了幾回咒，今兒你到底又准[5]我一句。我便天誅地滅，你又有什麼益處？」黛玉一聞此言，方想起上日[6]的話來。今日原是自己說錯了，又是著急，又是羞愧，便顫顫兢兢[7]的說道：「我要安心咒你，我也天誅地滅。何苦來！我知道，昨日張道士說親，你怕阻了你的好姻緣，你心裏生氣，來拿我來煞性子[8]。」[c]

原來那寶玉自幼生成有一種下流[9]痴病[10]，況從幼時和黛玉耳鬢廝磨[11]，心情相對；及如今稍明時事，又看了那些邪書僻傳[12]，凡遠親近友之家所見的那些閨英闈秀[13]，皆未有稍及黛玉者：所以早存了一段心事，只不好說出來。故每每或喜或怒，變盡法子暗中試探。

[c] 此處，黛玉說寶玉因為「張道士說親、怕阻了你的好姻緣」而生氣，這個判斷是正確的嗎？黛玉知不知道寶玉心中真正的想法？

那林黛玉偏生也是個有些痴病的，也每用假情試探。因你也將真心真意瞞了起來，只用假意，我也將真心真意瞞了起來，只用假意，如此兩假相逢，終有一真。其間瑣瑣碎碎，難保不有口角之爭。

即如此刻，寶玉的心內想的是：「別人不知我的心，還有可恕，難道你就不想我的心裏眼裏只有你！你不能為我煩惱，反來以這話奚落堵噎[14]我。可見，我心裏一時一刻白有了你，你竟心裏沒我。」心裏這意思，只是口裏說不出來。那林黛玉心裏想著：「你心裏自然有我，雖有『金玉相對』之說，你豈是重這邪說不重我的。我便時常提這『金玉』，你只管了然自若無聞的，方見得是待我重，而毫無此心了。如何我只一提『金玉』的事，你就著急，可知你

假作真時真亦假
無為有處有還無

心裏時時有『金玉』，見我一提，你又怕我多心，故意著急，安心哄我。」

　看來兩個人原本是一個心，但都多生了枝葉，反弄成兩個心了。那寶玉心裡又想著：「我不管怎麼樣都好，只要你隨意，我便立刻因你死了也情願。你知也罷，不知也罷，只由我的心，可見你方和我近，不和我遠。」那林黛玉心裏又想著：「你只管你，你好我就好，你何必為我而自失。殊不知你失我自失。可見你是不叫我近你，有意叫我遠你了。」如此看來，卻都是求近之心，反弄成疏遠之意。如此之話，皆他二人素習[15]所存私心，也難備述[16]。[d]

　如今只述他們外面的形容[17]。那寶玉又聽見她說「好姻緣」三個字，越發逆了己意，心裏乾噎，口裏說不出話來，

[d] 這幾段提到黛玉、寶玉兩人的心思，你覺得兩人對彼此的感情如何？他們對彼此的心意了解多少？

便賭氣向頸上抓下通靈寶玉來，咬牙恨命往地下一摔道：「什麼撈什子，我砸了你完事！」偏生那玉堅硬非常，摔了一下，竟文風沒動[18]。寶玉見沒摔碎，便回身找東西來砸，黛玉見他如此，早已哭起來，說道：「何苦來！你又摔砸那啞吧物件。有砸它的，不如來砸我！」[e]

二人鬧著，紫鵑、雪雁等都忙來解勸。後來見寶玉下死力[19]砸玉，忙上來奪，又奪不下來，見比往日鬧得大了，[f]少不得去叫襲人。襲人忙趕了來，才奪了下來。寶玉冷笑道：「我砸我的東西，與你們什麼相干！」

襲人見他臉都氣黃了，眉眼都變了，從來沒氣的這樣，便拉著他的手笑道：「你同妹妹拌嘴，不犯著砸它。倘或砸壞了，叫她心裏臉上怎麼過得去！」

e 從前文一路看來，你覺得寶玉砸玉的動作，是想要表達什麼意思？黛玉是否理解寶玉的意思？請帶著你的猜測繼續讀下去。

f 從「見比往日鬧得大了」一句，你推測他們平常的相處狀況如何？

林黛玉一行哭著，一行聽了這話說到自己心坎兒上來，可見寶玉連襲人不如，越發傷心大哭起來。心裏一煩惱，方才吃的香薷飲[20]解暑湯便承受不住，「哇」的一聲都吐了出來。紫鵑忙上來用手帕子接住，登時一口一口的把塊手帕子吐濕。雪雁忙上來捶。

紫鵑道：「雖然生氣，姑娘到底也該保重著些。才吃了藥好些，這會子因和寶二爺拌嘴，又吐了出來。倘或犯了病，寶二爺怎麼過得去呢？」

寶玉聽了這話說到自己心坎兒上來，可見黛玉不如一紫鵑。又見黛玉臉紅頭脹，一行啼哭，一行氣湊，一行是淚，一行是汗，不勝怯弱。寶玉見了這般，又自己後悔方才不該同她較證，這會子她這樣光景，我又替不了她。心

裏想著，也由不得滴下淚來。g

　　襲人見他兩個哭，由不得守著寶玉也心酸起來，又摸著寶玉的手冰涼，待要勸寶玉不哭罷，一則又恐寶玉有什麼委曲悶在心裏，二則又恐薄了林黛玉。不如大家一哭，就丟開手了，因此也流下淚來。紫鵑一面收拾了吐的藥，一面拿扇子替黛玉輕輕的扇著，見三個人都鴉雀無聲，各自哭各自的，也由不得傷心起來，也拿手帕子擦淚。四個人都無言對泣。

　　一時，襲人勉強向寶玉道：「你不看別的，你看看這玉上穿的穗子[21]，也不該同林姑娘拌嘴。」黛玉聽了，也不顧病，趕來奪過去，順手抓起一把剪子來就剪。襲人、紫鵑剛要奪時，已經剪了好幾段。黛玉哭道：「我也是白效

g 以上四段總共有兩組相對照的「人物」、分別做出類似的「行為」。如果是你，你會如何分組這四個「人物」？他們的「行為」，分別又和哪些「行為」對照？

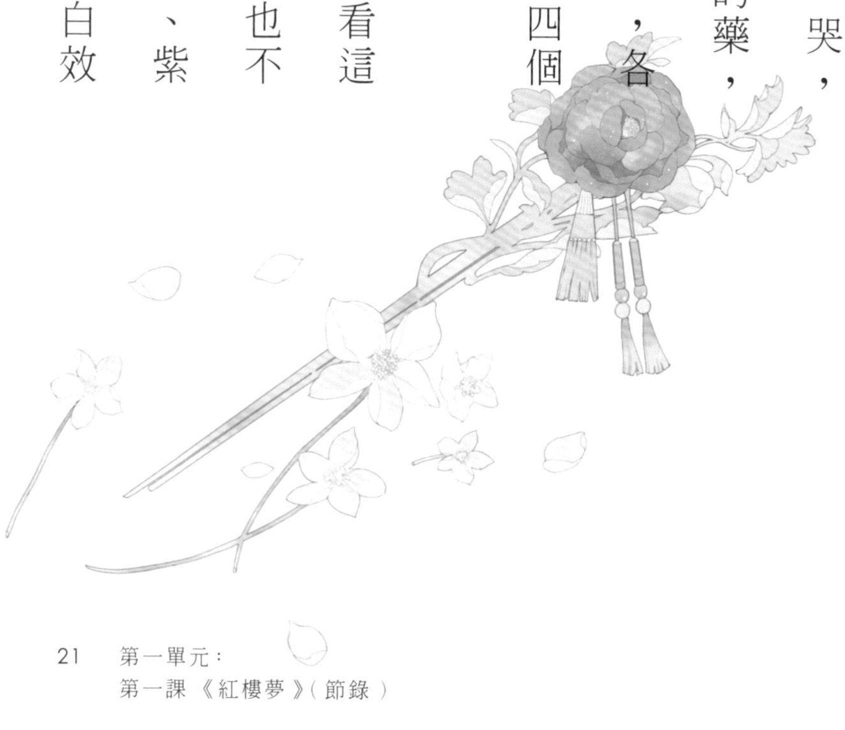

力。他也不希罕，自有別人替他再穿好的去。」襲人忙接了玉道：「何苦來！這是我才多嘴的不是了。」h 寶玉向林黛玉道：「你只管剪，我橫豎不戴它也沒什麼。」i

只顧裏頭鬧，誰知那些老婆子們見黛玉大哭大吐，寶玉又砸玉，不知道要鬧到什麼田地，倘或連累了她們，便一齊往前頭回賈母、王夫人知道，好不干連了她們。那賈母、王夫人見她們忙忙的作一件正經事來告訴，也都不知有了什麼大禍，一齊進園來瞧他兄妹。襲人急得抱怨紫鵑為什麼驚動了老太太、太太；紫鵑又只當是襲人去告訴的，也抱怨襲人。

那賈母、王夫人進來，見寶玉也無言，黛玉也無話，問起來又沒為什麼事，便將這禍移到襲人、紫鵑兩個人身

h 從前面一路讀來，襲人處理爭吵的策略是什麼？效果好嗎？為什麼好／不好？

i 寶玉在這裡說「橫豎不戴它也沒什麼」，是想向黛玉表達什麼？

上，說：「為什麼你們不小心服侍？這會子鬧起來都不管了！」因此，將她二人連罵帶說教訓了一頓。二人都沒話，只得聽著。還是賈母帶出寶玉去了，方才平復。[j]

過了一日，至初三日，乃是薛蟠生日，家裏擺酒唱戲，來請賈府諸人。寶玉因得罪了林黛玉，二人總未見面，心中正自後悔，無精打彩的，哪裏還有心腸去看戲，因而推病不去。黛玉不過前日中了些暑溽之氣，本無甚大病，聽見他不去，心裏想道：「他是好[23]吃酒看戲的，今日反不去往他家，自然是因為昨兒氣著了。再不然，他見我不去，他也沒心腸去。只是昨兒千不該、萬不該剪了那玉上的穗子。管定[24]他再不帶了，還得我穿了他才戴。[k]」因而心中十分後悔。

[j] 你覺得賈母、王夫人真的覺得問題在襲人、紫鵑身上嗎？她們為什麼會採取「罵兩人」以及「帶走寶玉」的行動？

[k] 你覺得黛玉對寶玉心情的揣測正確嗎？為什麼黛玉會「管定他再不帶了，還得我穿了他才戴」這樣的判斷？

那賈母見他兩個都生了氣，只說趁今兒那邊看戲，他兩個見了也就完了，不想又都不去。老人家急得抱怨說：「我這老冤家是哪世裏的孽障，偏生遇見了這麼兩個不省事[25]的小冤家[26]，沒有一天不叫我操心。真是俗語說的，『不是冤家不聚頭』。幾時我閉了這眼，斷了這口氣，憑這兩個冤家鬧上天去，我眼不見、心不煩也就罷了，偏又不嚥這口氣。」自己抱怨著也哭了。

這話傳入寶、林二人耳內，原來他二人從未聽見過「不是冤家不聚頭」的這句俗語，如今忽然得了這句話，好似參禪的一般，都低頭細嚼此話的滋味，都不覺潸然淚下[27]。雖不曾會面，然一個在瀟湘館臨風洒淚，一個在怡紅院對月長吁[28]，卻不是人居兩地，情發一心？

寶玉、黛玉兩人聽到「不是冤家不聚頭」這句俗語後，心裡「細嚼此話的滋味」各別可能是什麼？

注釋

1 奚落：嘲笑、冷落。

2 斷：絕對。

3 動這肝火：為這件事情生氣。「動肝火」即「生氣」。

4 安心：存心。

5 准：認準對方某一句話不放。

6 上日：昨天。

7 顫顫兢兢：形容發抖的樣子。今作「戰戰兢兢」。

8 煞性子：發洩、出氣。

9 下流：在此特別指與常人不合流的脾氣、性格。

10 痴病：在此指對某些事物非常著迷，顯得與眾不同的習性。

11 耳鬢廝磨：指兩人關係緊密。

12 邪書僻傳：指描寫愛情的小說、戲曲，古人認為這些書都不正當。

13 閨英闈秀：指親友家中未嫁的小姐們。「閨」音「ㄍㄨㄟ」。「闈」音「ㄨㄟˊ」。

14 堵噎：用話堵人，使人無言以對。「噎」音「ㄧㄝ」。

15 素習：一直以來。

16 備述：完整說明。

17 形容：行動、樣貌，與現代用法不同。

18 文風沒動：指完全沒有任何破損。

19 下死力：用盡全部力氣。

20 香薷飲：一種中藥，有清涼退熱的功效。「薷」音「ㄖㄨˊ」。

21 穗子：絲線連綴而成的長條裝飾品。「穗」音「ㄙㄨㄟˋ」。

22 干連：牽連、連累。

23 好：喜歡，此處為動詞。音「ㄏㄠˋ」。

24 管定：必然、一定。

25 不省事：不懂事。「省」音「ㄒㄧㄥˇ」。

26 小冤家：似恨實愛，而給自己帶來煩惱的人。

27 潸然淚下：落淚。「潸然」即「落淚的樣子」，音「

「潸」音「ㄕㄢ」。

28 長吁：長長地嘆息。「吁」音「ㄒㄩ」。

問題與討論

1 你是否曾經遇過心裡真正的意思，嘴上講不出口的狀況？如果遇到這樣的狀況，你會讓對方知道自己的想法嗎？為什麼？

2 在本文中，寶玉、黛玉兩人都會從自己的角度詮釋對方的心思，有時準確、有時不準。你能否說明為何有時能夠準確，有時卻又不準確？

3 寶玉、黛玉兩人都想知道對方心裡是否有自己。如果是你，有什麼樣的言詞或動作，能讓你覺得「對方的心裡有我」？

寫作練習：先結果，後原因

在一般人的直覺中，敘述一件事情，一定是先講「原因」，然後才講「結果」。比如先寫一段「他很難過」的情節，然後才寫一段「所以他哭了」。然而，在寫作當中，反過來寫的效果有時反而更好，我們可以採取「先結果，後原因」的順序：先寫一段「他哭了」的描述，然後才寫「因為他很難過」。如此一來，讀者是先看到事件發生，被勾起了好奇心，然後就有動力讀下去，而不會顯得平板無聊。在本課節選的《紅樓夢》中，每一段寶玉和黛玉的對話，作者都是「先寫講了什麼，然後才寫為什麼這樣講」，就是這個原理的應用。

請回想一件你個人經驗中，所做出的重要決定。這個決定可以跟學業、興趣、人際關係或任何主題有關。以這個決定為題，撰寫兩段文字，第一段直接說明你做了什麼決定，第二段再說明你為何做出這個決定。總長不超過三百字。

延伸閱讀

文字

1 余英時，《紅樓夢的兩個世界》，聯經，一九九六。

2 林語堂，《京華煙雲》，遠景，二〇〇四。

3 張愛玲，《紅樓夢魘》，皇冠，二〇一〇。

4 蔣勳，《微塵眾：紅樓夢小人物》，遠景，二〇一四。

5 夏志清等，《中國古典小說》，聯合文學，二〇一六。

6 艾蜜莉·布朗忒著，賴慈芸譯，《嘯風山莊》，遠流，二〇一七。

7 歐麗娟，《詩論紅樓夢》，五南，二〇一七。

8 周慕姿，《情緒勒索》，寶瓶文化，二〇一七。

9 張恨水，《金粉世家》，中國文史出版社，二〇一八。

10 白先勇，《白先勇細說紅樓夢》，時報出版，二〇一八。

影視

1 林奕華導演，《非常林奕華——賈寶玉》舞台劇，二〇一一年演出。

音樂

1 任賢齊、李心潔演唱，〈風暴〉出自《愛像太平洋》，一九九八年發行。

2 楊丞琳演唱，〈冷戰〉出自《半熟宣言》，二〇〇八年發行。

第二課　現代詩選

題　解

本課以「愛情」為主軸，選錄了楊佳嫻〈大安〉與鯨向海〈車過東港不老橋〉兩首詩。

楊佳嫻〈大安〉出自《你的聲音充滿時間》，是一首內斂飽滿的情詩。詩中將日常熟悉的場景、街道，皆轉換為意象，並以此描繪出一個帶有美好想像的境界，寫出了得到愛情的滿足與感動。鯨向海〈車過東港不老橋〉則出自《精神病院》，和前一首詩相反地，這是一首追憶逝去情感的詩，透過描繪夢境，深刻傳遞了對過往美好時光的懷念與遺憾。

兩首詩在技巧上，同樣都利用現實的空間與實際的地名，表達出多重的意涵。在〈大安〉中，「大安」原本指的是臺北市大安區、大安森林公園，卻也有十分平安、安好之意，以此形容兩人戀情即將步入平順的境況；〈車過東港不老橋〉指的則是屏東東港的不老橋，這裡化用了夏宇〈背著你跳舞〉的詩句：「不經意又走過一遍／屏東東港不老橋／再也不能再也不能／我們再也不能一起變老」，分手後再經過不老橋，回想起已經無法實現的誓言，不免讓人感到諷刺與悵惘。

創作講究原創性，但原創卻也不是無中生有，有時候和既有的事物比較，更能突顯出其新意何在。正如古典作品中有「用典」，現代創作中也有「致敬」，究其根本，都是一種「提取共有資料庫」的手法。所謂「共有資料庫」，指的就是某些更為普遍、更為人所知的「典故」；典故往往帶有豐富的意涵，也因為人們已經熟悉，故能夠將這些意涵濃縮在較為精簡的語言上，於字面之外開展出另一層意義。而引用這些典故，不僅展示了書寫者與閱讀者之間的默契（書寫者預測閱讀者能夠理解，而閱讀者也確實能夠理解出另一層意義），也能引領閱讀者展開聯想與分析，去思考作品及其引用典故之間的異同。例如，前一段中已經提過〈車過東港不老橋〉暗暗向夏宇致敬，於是在讀到詩中其他講述分手的部分時，背景便彷彿傳出「再也不能再也不能／我們再也不能一起變老」的回音。

愛情是文學中，甚至是所有藝術創作中，最亙古也最為普遍的主題之一。〈大安〉與〈車過東港不老橋〉各自以精巧的手法，細膩地表達了愛情的最初與最終，前者將現代的情境鎔鑄於古典的語言中，後者則以青春的口吻講述蒼老的心境。愛情初始的美好，可能得歷經艱辛才能夠得到；愛情結束後看似枉然，回憶卻仍會讓人想要一再品嚐。箇中滋味，不只是詩人，更可能是我們許多人都會面臨或已面臨過的情境；透過讀詩，也許我們會更懂得安放自己的情緒。

作者

楊佳嫻（西元一九七八年—），生於臺灣高雄，國立政治大學中國文學系學士、國立臺灣大學中國文學研究所碩士、博士畢業，現任教於國立清華大學中國文學系。集詩人、散文家、學者於一身，著作頗豐，有詩集《屏息的文明》、《你的聲音充滿時間》、《少女維特》、《金烏》等，散文集《海風野火花》、《雲和》、《瑪德蓮》、《小火山群》等。詩人唐捐曾評論楊佳嫻的詩作：「靈魂提倡著一種古典的理念，身體則綻放著一種現代的感性。兩者彷彿形成悖論，相互拉扯而形成一種特殊風格。」

鯨向海，本名林志光（西元一九七六年—），畢業於長庚大學醫學系，現為精神科醫師。著有詩集《通緝犯》、《精神病院》、《大雄》、《犄角》、《A夢》、《每天都在膨脹》等，亦有散文集《沿海岸線徵友》、《銀河系焊接工人》等。鯨向海的詩作中，往往利用諧音借義、一語雙關，或是網路流行用語，以及大眾娛樂或次文化中的意象等，來營造出幽默搞怪卻又貼近當代日常生活的風格。

楊佳嫻和鯨向海可以說是第一代從網路發跡的詩人。在當代，文學活動的空間已不再限於紙本的書籍或雜誌，隨著網路興起，各式論壇、社群媒體等發展日益興盛，這既降低了作品的發表門檻，也促進了作者與讀者之間的互動，並帶起新一波的創作潮流，形塑出新的文學品味，且對現代詩的創作的影響尤深。對此，鯨向海曾發表〈ＢＢＳ詩界生態隨談〉一文加以談論，楊佳嫻早期也曾擔任過政大資料貓空行館ＢＢＳ站詩版版主，並曾於明日報主持個人新聞台「女鯨學園」。在他們兩人身上，我們可以看見文學活動的形式如何與時代並行前進。

（一）楊佳嫻〈大安〉

車聲掩蓋樹聲
千燈寂寂
那時，城市在左手
而你在我右肩[a]
青春深邃
一萬本典籍投下的影翳[1][b]
你已領略[2]騎樓[3]為何物[c]
其曲折遜於我們的愛情
而遠勝過語言[d]

提問

a 在詩開頭的前四行中不斷出現「鬧」與「靜」的對比：喧囂的「車聲」對比安靜的「樹聲」，看似熱鬧的「千燈」卻是「寂寂」，在「左邊」的「城市」對比在「右肩」的「你」。請留意這種對比，並在閱讀完全詩之後，回來思考詩作開頭的這種對比隱喻著什麼。

b 全詩的場景在臺北市的大安森林公園一帶。請使用網路地圖（如google map）觀察該處四周，由附近地標來猜測「一萬本典籍」所指可能為何。

c 騎樓並不是太罕見的東西，似乎不需要特別「領略」，但為什麼這裡要特別寫「你已領略騎樓為何物」？請試著思考這一句話除了字面上的意思之外，可能還表達了什麼意思。

d 請從以上三行，排列出「我們的愛情」、「騎樓」、「語言」三者，何者最曲折、何者第二、何者第三？請試著思考，這樣的「曲折排行」具體可能暗示怎樣的情感情況。

4 你甘心權充梳子，地圖和大衣[e]
每日穿越綠蓬的陸橋
數度與飛鳥對視
新生而後大安
橫渡草泉，月繫於髮[f]
5 手緊握成疊架的柴禾
太溫暖的冬季
公園亦微有汗意

坦然是你攜我在渡口[g]
6 大風愀然，聽見自己放心的
哭聲[h]，提示勇氣與決定

e 請從「梳子」、「地圖」、「大衣」的實際用途，來思考這三個意象分別隱喻了什麼。

f 這幾行詩的描寫都基於現實，請使用網路地圖（如google map）觀察大安森林公園以及其四周，來猜測「綠蓬的陸橋」、「新生」、「草泉」實際是哪些地點。另外，也請試著想像「月繫於髮」是怎樣的情境。

g 你認為「渡口」這個意象意味著什麼？又，參考前一個提問，請試著思考「渡口」這個意象出現之前，詩行中提供了哪些相關的意象或詞彙？而「渡口」這個意象出現之後，又有哪些相關的意象或詞彙？

h 這裡將詩句斷行，以呼吸的節奏強調了「放心」與「哭聲」。請參考這首詩前面提到的部分，試著思考為什麼「放心」也會「哭」？這可能是怎樣的心情？

一如慕道者觀時間動靜[7]
自長廊離去[i]
將愛，將遠行[j]

（二）鯨向海〈車過東港不老橋[8]〉

思念如水鳥飛撲微笑寬闊的水灣
又輪到做同一個夢的季節
千里迢迢趕赴不老橋
以黃昏蒙面

i 請思考「慕道者觀時間動靜」之後，為何要「自長廊離去」？請參考全詩，解讀這裡的「離去」應該比較接近正面的意涵，還是負面的意涵？為什麼？

j 承上題，請參考全詩，解讀這裡的「遠行」是正面或負面的意涵？為什麼？

以星星作掩護
時間是一個微笑的強盜 k
但現在是另一場大病
當我們變得脆弱
想要回到從前
再次闖入某些夜晚溫暖的瞬間
不要給他機會
不要讓他整理你的行李 l
時間開始微笑了

煞車聲猛然將遠方的月光驚醒

k

這首詩的語言非常輕盈，但是詩句的主詞經常省略、轉換、跳動，而語句的順序也經常倒裝、調換，營造出一種彷彿在夢中的不確定感，所以在解讀的時候並不容易，必須特別注意。例如這一詩段中，前三行與後三行就可能分別是不同的主詞，語句也經過倒裝，請先簡單讀過全詩後，思考前三行與後三行的主詞分別是誰？而前三行與後三行原本的語句順序應該為何？

l

請問「想要回到從前」、「再次闖入某些夜晚溫暖的瞬間」的主詞應該是誰？而「不要給他機會」、「不要讓他整理你的行李」這兩句話屬於否定祈使句，請判斷這兩句話的發話者、句中的「他」、「你」，分別應該是誰？

青春太完美了
每個人都忍不住對他撒謊 m
從兩方面
沿途和他相互對搶 n
變老和變憂鬱
是這麼傷心的事情

千里迢迢來到不老橋
幾段秘密交往中的戀情
靈魂錯過的渡口
被製成夢，被製成淚水 o
彼此忘記是多麼不容易啊

m 依照現有的線索推測，你覺得讚嘆「青春太完美了」之後，為什麼會「忍不住對他撒謊」？讀完全詩後，再回頭閱讀此處，你的推測是否有所改變？

n 請試著思考「每個人都忍不住對他撒謊」以及「沿途和他相互對搶」的兩個「他」，是否相同？這可能指誰或者分別指誰？並且，請依照這個答案，來嘗試解讀整段詩的意涵。

o 請思考「千里迢迢來到不老橋」與「被製成夢，被製成淚水」的主詞，分別應該是誰？

落葉轉眼又要積滿車頂[p]
我們都沒有達成心願
時間是一個微笑的強盜[q]

p 請問「落葉轉眼又要積滿車頂」表達了什麼意涵？

q 「複沓」是一種修辭技巧，透過反覆同樣句子或字詞，醞釀出節奏感，並達到提醒、突顯，或是加強情感等效果。這首詩也採用了「複沓」，第一、二、四詩段的最後一句，都是「時間是一個微笑的強盜」或是類似的句子「時間開始微笑了」。綜觀全詩，請思考這首詩使用這樣的技巧，達到了什麼效果。

注釋

1 影翳：陰影。
2 領略：知道、瞭解。
3 騎樓：一種特殊建築形式，通常一樓臨街部分建成走廊，走廊上方即為二樓樓層，宛如二樓騎在一樓上，故稱為「騎樓」。
4 權充：臨時替代。
5 柴禾：供燃燒的木柴枯枝。
6 愀然：憂懼、憂愁的樣子。「愀」，音「ㄑㄧㄠˇ」。
7 慕道者：渴慕正道之人，一般指對某種宗教感興趣或認同的人，但尚未正式接受該信仰。
8 東港不老橋：地名，位在屏東東港，於縣道187號東港高中東側附近。

BOX

夏宇與〈背著你跳舞〉

夏宇（西元一九五六年—），本名黃慶綺，是臺灣當代重要詩人之一，著有《備忘錄》、《腹語術》、《摩擦・無以名狀》、《Salsa》等，其語言風格強烈，詩作亦廣為流傳，對文學圈影響不小。夏宇另有筆名童大龍，並以李格弟、李廢等筆名發表歌詞，其中更有多首廣為流行，如〈我很醜可是我很溫柔〉、〈殘酷的溫柔〉、〈乘噴射機離去〉乃至〈請你給我好一點的情敵〉、〈PLAY我呸〉等。〈背著你跳舞〉一詩則出自《腹語術》，也是一首以愛情為主題的詩作，詩中苦樂交雜，也辯證了愛情中的權力關係與自由，充滿張力與音樂性。除了鯨向海化用夏宇的詩句，使之成為〈車過東港不老橋〉的解讀關鍵之外，夏宇的這首詩亦影響了流行樂團蘇打綠的〈背著你〉。

問題與討論

1 本課的兩首詩的場景，同樣都發生在實際的地理空間中，即大安森林公園與屏東東港不老橋，但是兩首詩也不約而同地讓虛實交錯，以實際事物描寫抽象感受及想像，或是反之。請在兩首詩中各找出一至兩個這樣的例子，並簡單解說。

2 在〈大安〉中，有詩句將「手」比喻成「疊架的柴禾」，而後兩行則有「溫暖」、「微有汗意」等語。柴禾原本就是用來燒火用的草木，雖然詩句並未明確使用「燒柴」、「取暖」之類的詞彙，但這同一系列的詞語卻有暗示作用，能讓人想像其中關聯，於是，「太溫暖的冬季」可能如字面上是暖冬的氣候，也可能意指心靈得到溫暖。這首詩中在意象與詞語的使用上，常常會注意彼此的調和，而不致突兀，請參考上述說明，試著從本課的兩首詩中，找出另一組你認為屬於同一系列的意象群或詞語，並談談為什麼。

3 在〈大安〉和〈車過東港不老橋〉中都有出現「渡口」的意象，但是其象徵的意義和印象卻不盡相同。請比較這兩個「渡口」的異同，並試著從中論述兩首詩所嚮往的是什麼樣的愛情。

4 本課的兩首詩都寫到了愛情的艱辛，例如〈大安〉中描述愛情的曲折，或者〈車過東港不老橋〉的第三段，用了幾個較為強烈的動詞，也暗示了戀情的不易。在思考愛情的時候，我們首先會注意到相愛的這兩個人本身；但戀情所面臨的困難，往往是來自於兩個人之外。請從本課的兩首詩，或者是從你自己閱聽過，甚至是經歷過的經驗，來談談在愛情裡，可能碰到什麼樣的困難。

寫作練習：
以實寫虛

描述抽象情感時，往往容易過於空泛，這個時候如果能夠借用實際的事物來形容、比喻，就能夠讓敘述明確許多，這個手法便是「以實寫虛」。值得注意的是，「實」的事物和「虛」的抽象情感，之間必須要有一個交集，這個交集就是讀者會注意到的焦點。例如課文中，〈大安〉以「騎樓」（實）來形容「愛情」（虛），而兩者之間的交集就是「曲折」；或是〈車過東港不老橋〉以「微笑的強盜」（實）形容「時間」（虛），兩者之間的交集是「會奪走人生中重要的東西」。

請試著以上述的手法完成下表，並且以每一列表格造一個句子。

「實」的事物	「虛」的抽象情感	交集	造句
手機			
	欺騙		
		柔軟	

延伸閱讀

文字

1 陳黎、張芬齡主編，《世界情詩名作一百首》，九歌，二〇〇五。

2 郭靜瑤，《女神打排球》，田園城市，二〇一一。

3 王定國，《敵人的櫻花》，印刻，二〇一五。

4 聶魯達著，陳黎、張芬齡譯，《二十首情詩和一首絕望的歌》，九歌，二〇一六。

5 林婉瑜，〈十年〉收錄於《愛的24則運算》（二版），聯合文學，二〇一八。

漫畫

1 美內鈴惠，《玻璃假面》（或譯：千面女郎），東立，一九七六。

影視

1 馬西莫．特羅西、麥克．瑞福導演，《郵差》（The Postman），一九九四年上映。

2 阿布戴．柯西胥導演，《藍色是最溫暖的顏色》（Blue is the Warmest Color），二〇一四年上映。

3 新海誠導演，《你的名字》，二〇一六年上映。

4 畢贛導演，《路邊野餐》，二〇一六年上映。

5 劉若英導演，《後來的我們》電視劇，二〇一八年首播。

音樂

1 蘇打綠演唱，〈背著你〉出自《小宇宙》，二〇〇六年發行。

2 張惠妹演唱，〈連名帶姓〉出自《偷故事的人》，二〇一七年發行。

第二單元

藝術與生活

導言
藝術與生活

本單元討論的是「藝術與生活」。

「藝術」在臺灣，始終是一個有點尷尬的概念。大家似乎都同意這是一種好東西，但同時又覺得太投入藝術是很危險的，很容易連結到「找不到工作會餓死」。同時，「藝術」卻又常常給人一種距離感，彷彿是一般人不能懂、不能享受的神祕事物。綜合起來，「藝術」就變成一種跟「生活」壁壘分明的東西了。

但真的是這樣嗎？事實上，人類幾乎生來就帶著藝術的潛能，只是未必會成為藝術家。學齡前的孩子在剛開始學會說話時，就會喜歡發出各種正規語言之外的聲音，這是音樂的衝動；大多數的孩子拿起紙筆就能亂畫，這是繪畫的衝動；小孩情緒一激動就會旋轉跳躍，這是舞蹈的衝動；他們看到一隻昆蟲、淋了一陣雨，就迫切想告訴大人，這是文學的衝動。這些衝動都不求實用，只求有趣，大多數人或多或少都有類似經驗，只是隨著成長的過程漸漸遺忘了。

於是，在「藝術與生活」這個單元中，我們便從楊牧的《一首詩的完成》和焦元溥的《遊藝黑白：世界鋼琴家訪問錄3》各選出一篇文章，分別從「詩歌」和「音樂」兩個領域，來談藝術與生活之間的關係。

楊牧在《一首詩的完成》中，探討了詩歌領域中的「形式與內容」的問題。他回憶自己從小學詩的經驗，一開始他認為詩歌的「形式」是最重要的，所以特別重視格式、規律、辭藻。但隨著年紀漸長，他慢慢理解到，「形式」的「美」並不是最重要的，「內容」的「真」更是其中關鍵，兩者必須相輔相成。有趣的是，他在文章裡面舉了紀弦描寫壁虎的詩作為例，正是要說明：就算是生活裡看起來平凡無奇、甚至有點醜惡的事物，都可能成為很好的藝術題材。藝術不必然是脫離日常生活的高雅之物，重點是我們能不能發現日常生活的真純可愛。

第二篇則是焦元溥訪問世界著名的波蘭鋼琴家齊瑪曼的訪談文字。根據齊瑪曼的自述，他最懷念、最美好的音樂經驗，反而不是在他成為頂尖樂團的演奏家、跟許多職業音樂家一起合作的時期，而是幼時由父親和父親的朋友一起玩音樂的窮困年代。齊瑪曼明確地指出，對他們而言，音樂不只是娛樂，而就是生活本身。除了個人經驗外，齊瑪曼也提到了當時的政治背景、不同社會中不同的藝術氛圍，更能讓我們進一步深思「藝術」與「生活」各個面向的交互作用。窮困的生活能帶來純粹的藝術；純粹的藝術卻也可能因為民族主義的推波助瀾，而產生政治的意義。

你可能對所有藝術領域都沒有興趣，你也可能上過才藝班、正在參加某些藝術性社團，甚至你未來的志向可能就是成為某種藝術家。每個人對藝術有著不同的態度，但我們都同樣要面對自己的生活，如果能在生活中保持一種悠遊的、輕鬆的、不求實用只求趣味的態度，它至少能帶來某種愉悅。如果說「藝術」太讓人緊張，那我們換個方式說：幫自己的生活找點樂趣，不是滿不錯的嗎？

第三課　《一首詩的完成》（節錄）

題解

本課為楊牧〈形式與內容〉的節選，出自《一首詩的完成》一書。該書凡十八篇，論及歷史意識、古典、壯遊、真實、社會參與、修改、抱負……等，是楊牧對現代詩的思考整體之展現。書寫期間，作者返國執教，緊扣解嚴前後（西元一九八四年—西元一九八八年）臺灣的社會處境，與青年的詩人談詩論藝，其中有質疑，有批判，更有關懷與熱情。本書仿效德國詩人里爾克（Rainer Maria Rilke，西元一八七五年—西元一九二六年）《給青年詩人的信》的書信體形式寫成，但內容貼合臺灣脈絡，對臺灣讀者來說更添親切溫暖。

〈形式與內容〉討論現代詩兩個重要的詩學概念——「形式」與「內

容」。「形式」包括格律、分行斷句、詩歌體式，作者打破「規律」的迷思，認為在形式上，現代詩必須根據內容創造出有生命的形式；「內容」指的是詩的主題、思想、情意等，與形式相互調和、生長變化。綜合兩者，詩之所以美好，便是建立在「情感誠摯、思維直率、聲籟天然、幅度合理」融合交響的基礎上。從這篇文章中，我們可以看到好的文學評論如何定義、分析、解釋抽象的文學理論，並建立自己的觀點。

作　者

楊牧（西元一九四〇年—西元二〇二〇年），臺灣花蓮人，本名王靖獻。東海大學外文系畢業、美國愛荷華大學碩士、柏克萊加州大學比較文學博士；曾任西雅圖華盛頓大學教授，並曾為國立臺灣大學、臺灣國立清華大學客座教授。著作有詩集《水之湄》、《燈船》、《楊牧詩集》、《介殼蟲》、《長短歌行》等，另有戲劇、散文、評論、翻譯、編纂等中英文三十餘種。

除了著作外，楊牧亦參與主編志文出版社的「新潮文庫」，並與朋友共同創辦「洪範書店」，在譯介外國文學作品與出版臺灣文學作品上有卓著貢獻，影響了一整代的知識份子。

楊牧早期以筆名「葉珊」發表詩作。葉珊時期，浪漫主義色彩濃烈；三十二歲以後改筆名為「楊牧」，浪漫與人文精神兼具，亦有強烈社會關懷。他在抒情詩中加入了敘事因素而發展出來的「戲劇獨白體」，在現代詩壇中獨樹一格，是臺灣最重要的現代詩人之一。曾獲時報文學獎、中山文藝獎、吳三連文學獎、國家文藝獎、花蹤世界華文文學獎、紐曼華語文學獎等。唐捐評論楊牧為：「追求現代感，進入世界視域，彰顯臺灣意識，對文化傳統予以創造性轉化。」

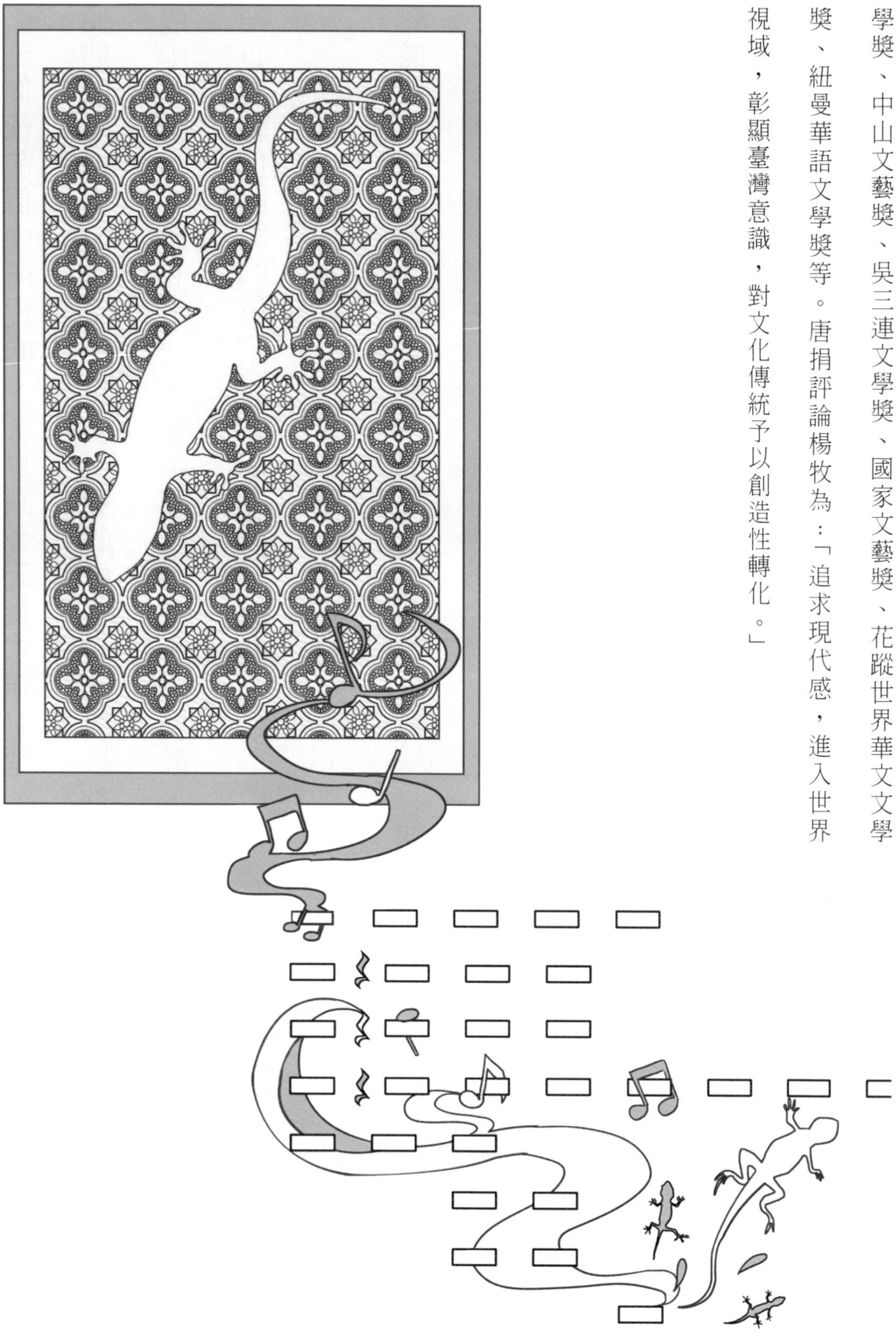

你秋前信中所提的，一直到今天我才弄清楚；而這頭緒的整理，說不定也是愛密麗[1]的啟發。我將這首詩譯成中文寄你，如此交代了你字裏行間之所以抑鬱，我必須正面和你談論的是「內容和形式」的問題。[a]

我一度深為內容和形式孰先孰後感到困惑，那是少年時代，當我開始執筆要寫一些甚麼東西的時代——想起來那年紀比你現在還輕。我聽長輩說，詩是有它一定的形式的，甚至還是必須根據格律進行，以臻於完成的；其他任何文類，他們再三強調，也大略如此。所以一個人要立志先熟悉各種文學形式，把握作文的規則，然後下筆便無往而不利。我聽說形式最重要，合乎規矩合乎格律的作品，無論內容如何縹緲幽黯，既然經過詩的包

提問

[a] 從這一段裡，作者說他要談論兩個概念，是哪兩個概念？請記住這兩個概念，並且在讀過全文之後，標記出每個段落在討論的分別是哪個概念。

裝，就一定不怕不是詩了。在一段不算太長的時光裏，我努力模仿各種可能接觸到的詩型[3]，死記美麗的「詩的辭藻」，以便隨時將它們安插在我的創作裏，也不管那樣做到底有沒有意義，是不是能夠構成有機的藝術[4]。我曾經寫了一首四十行的新詩，主題是秋之肅殺一類，分十節，每節四行，每行都十二至十四字，將書本上看來的悲秋爛語[5]一一綴上，也不管花蓮的秋天其實並不那麼蕭瑟憭慄[6]。詩成，我自己也看不太懂；我的國文老師在後面批道：「可惜無人作鄭箋[7]」。[b]

那年我十六歲。幸運的是很快就好了，一夜之間，我忽然對那些形式，規矩，格律，辭藻，感嘆都產生了厭倦的心理，所以少年才有〈秋的離去〉和〈歸來〉之作。

[b] 在這段的開頭，作者說他少年時為「形式和內容孰先孰後」感到困惑。讀完這一段後，你覺得這段在講的是「形式」還是「內容」？你從哪裡看出來的？

現在回想，這改變無非閱讀使然。[c] 我遭遇到一些震撼，詩的震撼，這在人生過程裏毋寧也是少有的，何況那時我的心思終究還很稚嫩。我忽然發覺詩的美與好，並不是它看起來那麼美，不一定因為它在頌揚宇宙人生好的一面。詩的美與好是建立在它眞的基礎上；感情誠實，思維率直，聲籟天然，幅度合理，以這些因素融合交響，突出一個不可顛撲的藝術生命，那才是美與好。[d]「凡物皆有可觀，苟有可觀，皆有可樂，非必怪奇偉麗者也。」詩應該以真實的手段，道出心與物的眞實，初不必先為形式所拘束。[e][8] 紀弦寫了一首壁虎詩〈存在主義〉，其中一段如此：

c 十六歲的楊牧對形式的執著「很快就好了」。十六歲的你，探求知識的過程中，一定也有過「大人說的未必對」的自我覺醒。回想一下，是什麼原因觸發你做出改變？

d 作者認為「感情」、「思維」、「聲籟」、「幅度」是評斷一首詩是否美好的標準，請你指出這四個關鍵詞，哪些屬於「內容」，哪些屬於「形式」？

e 作者談到現代詩的審美標準從「美」的追求轉移到「真」的追求。我們日常接觸的事物或事件裡也有很多類似的例子，請你舉例說明。

平貼在我的窗的毛玻璃的
那邊，用它的半透明的
胴體，神奇的但醜陋的
尾巴，和有著幼稚園小朋友人物畫風格的
四肢平貼着
　圖案似的
　標本似的
　　一蜥蜴

這觀察體會迥異尋常，出之以詩，又採取了一種迂迴跌宕[9]的形式，在我們習於四行練句[10]的時代，具有無窮的震撼力。

原來詩是可以這樣處理的！一隻壁虎夜夜準時出現在毛玻璃窗那邊，「預約了一般地」；當詩人在工作的時候，壁虎吞食着蚊蚋和小蟲，致使肚子「膨脹而呈微綠」。詩人遽覺[11]自己正是那覓食表演的目擊者，必須寫點甚麼「有詩為證」，就這樣一路發展出一首五十行長短的作品，充滿突兀，驚詫，同情，和嘲弄，安置在錯落有致合理的形式裏，一首詩於焉完成。

紀弦不但掌握到形式自然發展的美，也闡說內容賦與[12]的好。壁虎在臺灣又名守宮，樣子和聲音都不是最悅人的，可是詩人再三強調壁虎也是上帝所造，和「我」一樣，何況它還是「遠古大爬蟲的縮影，縮寫和同宗」，

並且它也敏感，知道有人夜夜關注它吃蟲的藝術。詩人可以將一件不是太悅人的事件，通過適當的藝術整合，化為一首詩，形式居功，遂也提昇了內容。到這時我就明白形式若有意義，必須如此，和內容密切結合；形式是活的，不是死的，因為死的是規律，而詩不要規律。[f]內容呢？內容是中性的，天下無事不可入詩，非必定如秋之蕭瑟憭慄才行。[g]壁虎在毛玻璃窗外吃蟲，比起這個如何？蔣夢麟[13]回憶北京：

我懷念北京的塵土，希望有一天能再看看這些塵土。清晨旭日初昇，陽光照射在紙窗上，窗外爬藤的陰影則在紙窗上隨風擺動。紅木書桌上，已在一夜之間鋪上一

f 從這一段裡，你看到楊牧所說的「形式」和「規律」的差別在哪？請你用自己的話解釋兩者的差異性。

g 作者以紀弦的「壁虎」為例，說明凡事都可以入詩。由此來判斷，請你用自己的話，說明作者對詩的「內容」有何看法？你可以從第三段「那年我十六歲……」開始重讀到此處，再來回答這個問題。

層薄薄的輕沙……

這個也不見得不好。h紙窗外爬藤，晨光將它的陰影映進屋裏給早起的讀書人看，小風吹它擺動，寧靜地流露出古老的文化的溫馨——這個並不見得不教人緬懷思念。擺動的藤影和脹着微綠肚子的壁虎，雖然都在窗的那一邊，卻不可同日而語。可是紀弦所表現和證明的，無疑藤影是詩，壁虎也是詩，端看你怎麼將形式拿來支持它。

這樣說來，形式豈不比內容重要？我不是這個意思；否則可不可以說，內容比形式重要？那也不見得。我只能提醒你，這一切正是古人「文質炳煥[14]」的要求，強調

h 作者說上述文字「這個也不見得不好」。從行文脈絡來看，是褒還是貶？你從哪裡找到線索來判斷？如果找不到線索，你覺得如何補充說明，可以讓這個判斷更清楚？

的是形式和內容調和，平衡，互為照明，於西方文學傳統也是一個重要課題。簡單的說，形式須由內容決定，內容則有待形式下定義——我們有心於詩創作的人，尤其在這早已摒棄了傳統格律的時代，必須了解惟有兩者合諧相生，才可能突出新的藝術，開展出時代的文學。

注釋

1 愛密麗（西元一八三〇年－西元一八八六年）：即美國詩人Emily Elizabeth Dickinson，被認為是美國現代派詩歌的先驅。

2 臻於：趨近於、達到。

3 詩型：詩的型體。

4 有機的：有生命的。英文為organic。

5 爛語：缺乏新意的語彙。

6 憭慄：悽愴，出自宋玉〈九辯〉：「憭慄兮若在遠行。」憭慄，音ㄌㄧㄠˊ ㄌㄧˋ。

7 無人作鄭箋：後人都喜歡吟詠李商隱的詩，可惜沒有人能如同漢代的鄭玄註解《詩經》一樣，為李商隱的詩作充分的註解。出自元好問〈論詩絕句之十二〉：「詩家總愛西崑好，獨恨無人作鄭箋。」

8 紀弦（西元一九一三年－西元二〇一三年）：臺灣詩人，引介西方現代主義於新詩之中，而創立「現代派」。

9 迂迴跌宕：形容形式曲折迴旋，音節抑揚頓挫。

10 四行練句：把詩歌寫在四行之內，以錘煉詩句。

11 遽覺：突然覺得。「遽」音「ㄐㄩˋ」。

12 賦與：給與。

13 蔣夢麟（西元一八八六年－西元一九六四年）：曾任北京大學校長，著有散文《西潮》一書。本課引文出自其〈迷人的北京〉一文。

14 文質炳煥：文彩與實質相互搭配，光彩耀眼。

問題與討論

1 本文作者引用「紀弦描寫壁虎」與「蔣夢麟描寫爬藤」為例，討論現代詩的「形式」與「內容」。作者認為兩段文字分別在「形式」、「內容」上有什麼特點？試著蔣夢麟的「藤影」用你覺得最具「詩意」的「形式」表達看看？你可以依需要任意調動字句。

2 你對現代詩的印象是什麼呢？從作者回憶十六歲時學詩的思路歷程，你能否解釋上述「印象」從何而來？讀完這篇後，印象有無改變？楊牧說自己受到紀弦〈存在主義〉一詩的震撼，請分享一首讓你震撼的現代詩作品。

寫作練習：
論證三明治

當我們要在文章裡闡明一個論證時，可以採取「論證三明治」的形式。這種形式能夠非常明確地表達出你的想法，並且包含了事證和分析。所謂的「論證三明治」，是將一個論證拆解成「論點+事證+解釋」三個部分。「論點」是你想提出的判斷，「事證」是能夠支持這個判斷的案例，「解釋」則是對事證的進一步討論，說明它為何能支持你的論點。在課文的第三段到第五段，楊牧就採用了這種形式來說明自己的論證：他的「論點」是「真」比「美」更重要，「事證」是紀弦的詩，而在引用紀弦之後的兩段都是「解釋」。

請以「我認為對人生最有幫助的科目是_____」為題，依照字數限制完成下列「論證三明治」的表格。你可以透過個人經驗或資料搜尋來獲得你需要的事證。

論點（20字以內）	事證（200字以內）	解釋（200字以內）

延伸閱讀

文字

1 楊牧，《一首詩的完成》，洪範，一九八八。
2 波赫士著，陳重仁譯，《波赫士談詩論藝》，時報出版，一九〇〇。
3 里爾克著，馮至譯，《給青年詩人的信》，聯經，二〇〇四。
4 朱光潛，《談美》，小倉出版社，二〇一四。
5 楊牧，《楊牧詩選：一九五六—二〇一三》，洪範，二〇一四。
6 朱光潛，《談文學》，東方出版，二〇一六。
7 唐捐，《世界病時我亦病》，聯合文學，二〇一六。
8 何懷碩，《給未來的藝術家》，立緒，二〇一七。

影視

1 馬西莫・特羅西、麥克・瑞福導演，《郵差》（The Postman），一九九四年上映。
2 溫知儀導演，《他們在島嶼寫作：朝向一首詩的完成》，目宿媒體股份有限公司，二〇一二。
3 黃亞歷導演，《日曜日式散步者》，二〇一五年上映。

網站

1 中興大學人文與社會科學研究中心，《楊牧數位主題館》，趨勢科技，二〇一四。

第四課　世界鋼琴家訪問錄——齊瑪曼（節錄）

題解

本課選自焦元溥的《遊藝黑白：世界鋼琴家訪問錄3》，是一本訪談古典音樂鋼琴演奏家的文集。除了訪談紀錄外，焦元溥也在書中簡介、分析了古典音樂鋼琴演奏的傳統和風格流變。《遊藝黑白：世界鋼琴家訪問錄3》不但呈現了鋼琴演奏家們的藝術觀，同時也展現焦元溥作為一名樂評家對於音樂的熱情與認識，以及引導藝術家深入其藝術觀點及人生經歷的訪談技巧。

本課節錄焦元溥訪談鋼琴家齊瑪曼（Krystian Zimerman）的片段。齊瑪曼在一九五六年出生於波蘭。一九七五年，齊瑪曼以十九歲之齡，獲得了四年一度的「第九屆蕭邦國際鋼琴大賽」冠軍。這個比賽以波蘭作曲家蕭邦為名，蕭邦在音樂創作中融入了許多波蘭神話和文學的元素，因此成為波蘭代表性的作曲家。「蕭邦國際鋼琴大賽」不但是鋼琴演奏的極高榮譽，也是牽動波蘭人民族情感的盛會。而在齊瑪曼獲獎之前，蕭邦大賽已有十六年不曾由波蘭人奪得冠軍。齊瑪曼的獲獎，因而更具話題性。齊瑪曼在獲獎後持續精進他的藝術，是當前最富盛名的國際鋼琴家之一。

齊瑪曼獲得冠軍的一九七五年，也正是美國、蘇聯冷戰的高峰。全球以美、蘇為首的兩大陣營壁壘森嚴。像「蕭邦國際鋼琴大賽」這樣的藝術性競賽，是少數能使兩大陣營的人民交流彼此文化、窺見彼此生活的盛事，因而也成為舉世關注的焦點。在齊瑪曼的訪談中，也含蓄隱晦地觸及了美蘇冷戰的政治背景。

作者

焦元溥（西元一九七八年—），臺灣臺北人。是知名的樂評家及作家。最高學歷為英國倫敦國王學院音樂學博士。

焦元溥的青少年時期成長於一九九〇年代，是雷射唱片[1]（compact disc，CD）的全盛時期。當時雷射唱片幾乎完全取代了錄音帶[2]、黑膠唱盤[3]，成為紀錄、播放聲音的主要載體。喜愛音樂的焦元溥，從青少年時期便開始收集雷射唱片。在滿二十歲之前，即已在《古典音樂》等雜誌發表唱片及音樂會評論。對於古典音樂演奏的認識與筆耕，引領焦元溥接觸許多古典音樂演奏家；交誼之外，焦元溥也對演奏家們進行訪談。焦元溥的評論在音樂界建立的聲名和人脈，使他得以訪問到世界頂尖的演奏家。焦元溥對於西歐音樂演奏歷史的熟悉，也幫助他的訪談切中要點，引導受訪者吐露音樂生涯和藝術見解的精彩之處。

焦元溥（以下簡稱「焦」）：可否請談談您的童年和接觸音樂的經過。

齊瑪曼（以下簡稱「齊」）：首先，請你先想像一個深受戰爭摧殘的國家。我出生於一九五六年，那時史達林[4]不過死了三年而已[a]。雖然在一九五五年，波蘭一些重大改變已經肇端[5]，但本質上那還是一個處於二次大戰陰影下的國家。那時在公園裡都還有未爆彈，在小學的時候我們都被特別教導去辨識它們。人民生活窮苦，沒有什麼物質享受，但幸運的是我們家還有一架鋼琴。事實上，那是我童年唯一的玩具。鋼琴的狀況不好，家父盡其所能用各種方式修復

提問

[a] 史達林是蘇聯的獨裁者。但波蘭的齊瑪曼在回憶童年時，把「史達林不過死了三年而已」當作一個時間上的對照。這個對照可能說明了哪些蘇聯和波蘭的關係？又說明了哪些波蘭當時的社會狀況呢？如果是你要介紹自己的出生時間，你會用什麼事件當作對照？

它。那時也沒有電視；有錢人家裡才有，但電視也只播半小時新聞，或一些關於戰爭的影片，大家也沒有興趣去看。

焦：所以音樂是唯一的娛樂？

齊：不只是娛樂，根本是生活。家父其實是位音樂家，但無法以音樂養活自己，最後在工廠任職。他非常有才華，能做許多事，在工廠裡很成功，也認識許多喜愛音樂，但都是不能以演奏維生而受苦的朋友。在家父的組織下，他們下了班就直奔我們家拿起樂器演奏。我母親則準備晚餐，那時沒有電話，她只能用直覺猜想會來多少人，而她總是

b 根據齊瑪曼的回憶，在他的童年時代，家庭的經濟狀況顯然不佳。在你的認知裡，對一個經濟狀況不佳的家庭來說，努力去修復鋼琴是常見的行為嗎？請讀完全文後，再回頭思考齊瑪曼的父親這麼做的原因可能是什麼？

c 齊瑪曼出生於一九五六年，根據你對世界史的了解，他童年回憶中電視上「關於戰爭的影片」，可能是關於什麼戰爭的影片？

d 請注意這個「總是」。你會在後文中看到許多「總是」。想像實際情況，真的有可能每次都「總是」同一種情況嗎？從這麼斬釘截鐵的語氣，你認為齊瑪曼在述說這些回憶時，是帶著什麼樣的情緒？

神準！這些叔伯阿姨們一到我家，就以瘋狂的速度塞飽肚子，然後迫不及待拿起樂器演奏。啊！那是我一天最期待的時刻。我從學校下課回家，就呆呆地盯著時鐘等。還有四十分鐘……三十分鐘……隨著時間愈來愈近，我也愈來愈興奮……我忙著檢查鋼琴狀況如何，猜想他們會演奏什麼……，我整天就在等這個時刻！

焦：您那時就會彈鋼琴了嗎？

齊：還沒。最初，我在某節日得到一個可以調整音高的口風琴。我學會了如何演奏，而家裡的重奏總有人缺席……

可能中提琴沒來，或大提琴缺人。由於他們總是一個月內重複演奏不少曲目，每當有人缺席，我爸就叫我用口風琴頂上那個聲部。即使我還不會看譜，我已經知道各個聲部是如何演奏，最後也因為要替補演奏而自然學會了看譜。小孩子學東西單純，總能快速上手，我也在這種情況下學會了各種調號與譜號，還能視譜吹奏任何作品。那真是無窮的樂趣啊！到後來即使沒人缺席，我還是擠在旁邊吹奏。這樣的經驗也讓我了解室內樂的演奏訣竅和曲目：我演奏過各個樂器的聲部，藉由十六年來的經驗累積，我知道各聲部所面臨的問題，熟知作品每個環節的困難與妙處。直到今日，當我演出室內樂時，我仍然知道如何帶領合作音

還不會看譜，就已經知道如何演奏，這代表他不是經過正規的訓練，而是自然而然學會樂器，然後才去印證樂譜上的記號。你是否有類似的學習經驗？

樂家度過演奏上的問題，或是如何引導各個聲部，因為那是深植我心的童年記憶。

焦：這真是迷人的回憶！您果然學到很多。f

齊：我想這段經驗影響我最深的，可能還不是對室內樂的認識，而是對音樂的熱情。音樂是這些人生命中最重要的事，他們每天都期待演奏，期待音樂。當他們拿到樂器，面對樂譜，簡直是非把音樂吞了不可，以音樂為食糧！對我而言，他們本身就是音樂。能在這樣的環境中長大，身邊充滿對音樂懷有赤誠的人，真的是最精彩的經驗。今日

f 訪問者的這句話不是一個「問題」，但受訪的齊瑪曼仍然繼續回答了。你如何解釋這個現象？想像如果是你要訪談另外一個人，你可以怎麼應用這種說話方式？

我和樂團合作，常常被問：「三次排練？為什麼要三次？不能一次就好了嗎？」g 會問這種問題，就已經反映出這些人對音樂的態度，更別提那些排練時看錶多過樂譜、關心休息時間勝過音樂的樂手。我很懷念那些對音樂有真正熱情的人。h

（……中間段落未節錄……）

焦：如此的學習環境真是可遇而不可求，也能建立最平衡、最豐富的音樂觀。然而在學校以外，當時一般波蘭人對音樂和文化是否有相同的熱情？

g 請想像一個樂團的排練需要哪些條件？所需的只有時間嗎？「排練一次，而不要三次」，會不會有懶惰以外的原因呢？

h 綜合以上段落，你能否指出「齊瑪曼長大後合作的樂手」和「齊瑪曼童年時父執輩那些樂手」之間的差異？

齊：我可以告訴你，那是無法想像的熱情。我現在住在瑞士；瑞士當然有自己的文化，也維持很高的文化水準，特別是想到瑞士才七百萬人，能有如此成就實在很可觀。然而，文化在瑞士，多半只在博物館與演奏廳裡，在社會中並不非常重要，人們沒有活在文化裡。[i]但那時的波蘭人可是真正活在文化裡，文化到處可見，人們期待蕭邦大賽，和它一同生活，一如現在人期待奧運或世界盃足球賽一樣。[j]在我年輕的時候，如果你在蕭邦大賽期間搭電車，你會發現車上的人都在談論比賽，大家會對著錶說：「現在是十點，那個俄國人要彈了……，現在十一點，那個法國人要

i 請仔細思考「人們沒有活在文化裡」這句話。試著在字典或談論文化的書籍裡找出「文化」的意義。人是否有可能「沒有活在文化裡」呢？齊瑪曼所說的「文化」，具體的定義可能是什麼？

j 從文章看起來，齊瑪曼認為「奧運足球」跟「鋼琴大賽」是同等的文化活動嗎？你如何判斷出來的？

SALA KONCERTOWA
CHOPIN
INTERNATION
PIANO
COMPETITION
3118

彈了。昨天某選手彈得極好，但某些人表現差了……」全車的人都在討論蕭邦大賽，甚至車長還會宣布：「現在第三輪結果出來了，進入決賽的是……」在那個時代，蕭邦大賽不是音樂比賽，而是波蘭人的生活。我想對西方世界而言，他們大概很難想像一個音樂比賽竟是全國上下熱烈討論並與之生活的話題。蕭邦大賽的門票奇貨可居，即使出動了所有警察，甚至出動軍隊圍在音樂廳，還是無法抵擋愛樂人民的熱情。人民爬到屋頂上，以各種難以想像的方式進入音樂廳。華沙愛樂廳總是得繳罰鍰，因為火警條例不容許音樂廳擠那麼多人——你能想像容納一千五百人的音樂廳，最後硬是塞進四千多人嗎？這實在是太誇張了！在這種情

7 在齊瑪曼的詮釋裡，這種對比賽的狂熱反應了波蘭人對音樂的熱愛。參見「題解」欄關於「蕭邦國際鋼琴大賽」的資料，你認為齊瑪曼的詮釋是全面的嗎？你能否推測出除了「熱愛音樂」以外的可能詮釋？

況下，演奏者真的很容易出頭。想想那時電視只有一個頻道，而比賽每輪都有電視廣播轉播，還不斷重播。當我進入最後一輪，我根本一天出現在電視上三到四小時，所有人都認識我了。

注釋

1 雷射唱片：一九八二年問世，是一種儲存數位化聲音訊號的光學碟片。以雷射讀取數位資訊，再將訊號傳送到播放器材播出。雷射唱片這種音樂儲存的格式，在一九九〇年代達到音樂市場佔有率的巔峰。

2 錄音帶：以極薄的長條塑膠片上的磁性塗料，來儲存聲音訊號並播放的裝置。流行於一九八〇年代。

3 黑膠唱盤：在密集溝槽中刻有聲波紋路的圓盤塑膠片。透過唱針讀取溝槽中的波紋來播放聲音。是人類開始錄製、儲存聲音資料早期所採用的格式之一。這種格式，稱為「類比」。也就是模擬聲音的具體波紋來進行儲存和播放。一九七〇年代末期以後，逐漸被將聲音轉化為數位訊號的錄音帶、雷射唱片相繼取代。二〇〇〇年代後，黑膠唱片由於人們對數位化資料的重新省思而重新開始流行。

4 史達林（西元一八七八年－西元一九五三年）：前蘇聯的最高領導人，繼承了列寧創建的共產國家。在位三十多年間實行鐵腕統治，並且在國際上擴張共產主義的影響力，與美國的資本主義陣營並列世界兩大強權。

5 肇端：開始。「肇」音「ㄓㄠˋ」。

6 室內樂：一種古典音樂作品的體裁，由數名演奏者合奏，每人各演奏一個聲部而形成各種「重奏」的組合。

7 西方世界：二次大戰後，世界秩序進入以美國、蘇聯為首，擁有核子武器而彼此對立的兩大陣營，歷史上稱為「冷戰」時期。在此時期中，以美國為首的陣營普遍被認為是所謂「西方」，蘇聯為首的陣營則為「東方」。因此，齊瑪曼描述的戰後波蘭，雖然對臺灣而言處於西方的歐洲；但在冷戰時期中，波蘭人會認為自己屬於「東方」，而將另一半的世界視為「西方」。

問題與討論

1 根據齊瑪曼的回憶和他自述目前的工作，音樂在什麼時候會讓他很快樂，什麼時候沒那麼快樂呢？你認為根本的差別是什麼？

2 齊瑪曼說到對於音樂的熱愛，用了「簡直是非把音樂吞了不可，以音樂為食糧」這樣的說法。然而，你是否聽過「玩音樂會沒飯吃」這樣的話呢？你認為這兩種「食物」的概念有什麼不一樣？又是哪些因素造成了這種對立和差異？

3 當齊瑪曼說「所有人都認識我了」，以現今的用語來說，就是「一夕爆紅」。齊瑪曼藉由自己的一夕爆紅來表示當時的人熱愛音樂的程度。每當齊瑪曼說到對音樂的熱愛，總是伴隨著生活的窮困和缺乏選擇。你認為，在選擇豐富的現代社會中，人們對於音樂「喜愛」的內涵，和齊瑪曼描述的時代可能有何差異？

寫作練習：延伸發問

訪談是一種「從受訪者身上挖掘經驗、學到東西」的對話形式。受訪者腦袋裡面有很多東西，但他不見得知道你需要知道什麼。因此，訪談者的任務就是問出精準的問題，誘發受訪者說出更多細節。「延伸發問」就是誘發受訪者說出更多細節的方法，我們可以從受訪者的回答當中，挑出一個點再追問下去，以此延伸出更多內容。比如在齊瑪曼第一段回答中，談到父親盡力修復鋼琴，焦元溥便以此延伸出：「所以音樂是唯一的娛樂？」這個問題，從而引出齊瑪曼對「音樂佔據他人生怎樣的地位」的回答。

在齊瑪曼的第四段回答之後，我們刪節了數個段落。請你先不要去找原文來讀，仔細閱讀第四段，並且想像：如果你是焦元溥，你會挑什麼點來「延伸發問」？請至少列出兩個問題，並解釋你是從齊瑪曼的那些話裡面獲得追問的靈感的。每個問題不超過三十個字。

延伸閱讀

文字

1 王曙芳，《音樂河》，萬象圖書，一九九三。
2 孫大川，《BaLiwakes跨時代傳唱的部落音符—卑南族音樂靈魂陸森寶》，國立傳統藝術中心，二〇〇七。
3 傅雷，《傅雷音樂講堂：認識古典音樂》，臉譜，二〇〇九。
4 小澤征爾、村上春樹著，賴明珠譯，《與小澤征爾先生談音樂》，時報出版，二〇一四。
5 周志文，《冬夜繁星：古典音樂與唱片札記》，印刻，二〇一四。
6 焦元溥，《樂之本事》，聯經，二〇一四。
7 霍華．古鐸著，賴晉楷譯，《音樂大歷史：從巴比倫到披頭四》，聯經，二〇一五。
8 林西莉著，許嵐、熊彪譯，《古琴：瑞典漢學家林西莉邂逅我們的三千年文化》，貓頭鷹，二〇一五。
9 張鐵志《聲音與憤怒：搖滾樂可能改變世界嗎？》，印刻，二〇一五。
10 李明璁，《樂進未來：臺灣流行音樂的十個關鍵課題》，大塊文化，二〇一五。
11 董成瑜，《華麗的告解：廚師、大盜、總統和他們的情人》，時報出版，二〇一六。
12 伊恩．博斯崔吉著，吳家恆譯，《舒伯特的冬之旅：一種迷戀的剖析》，遠流，二〇一七。
13 房慧真，《像我這樣的一個記者：房慧真的人物採訪與記者私語》，時報出版，二〇一七。
14 艾瑞克．席伯林著，吳家恆譯，《早安，巴哈先生：無伴奏大提琴組曲、卡薩爾斯，與我的音樂奇幻之旅》，早安財經，二〇一九。

影視

1 米洛斯・福曼導演，《阿瑪迪斯》（Amadeus），一九八四年上映。

2 克里斯多夫・奇士勞斯基導演《藍色情挑》（Trois Couleurs: Bleu），一九九三年上映。

3 羅曼・波蘭斯基導演，《戰地琴人》（The Pianist），二〇〇二年上映。

4 帕維烏・帕夫利科夫斯基導演，《沒有煙硝的愛情》（Cold War），二〇一八年上映。

音樂

1 齊瑪曼演出（鋼琴），《德布西：前奏曲第一、二集》，一九九四年發行。

2 齊瑪曼演出（指揮、鋼琴演奏），《蕭邦：第一・二號鋼琴協奏曲》，一九九九年發行。

第三單元

從群居到都市

導言
從群居到都市

本單元討論的是「從群居到都市」。

人類的文明，是從群居開始的。當一個聚落形成，社會關係就會開始變得複雜，人們可能會彼此分工、協調、合作，也可能會彼此競爭、衝突甚至鬥爭。微小的個人如何在龐大的聚落當中定位自己，思考「自我」與「他人」的關係，也就成為文學最關心的主題之一了。更複雜的是，這個世界上不會只有一個「群」。隨著歷史發展，群居的人們逐漸被整合到更大的「群」裡面，最終演變成「都市」這種超大型聚落。

在都市裡面，「他人」與「自我」的關係變得非常奇特。人類最初的群居規模很小，群內（一個農村、一個部落……）的人都彼此認識，社會關係強烈。然而一旦發展成都市之後，人們名義上屬於一個大聚落，彼此之間卻可能一輩子都不會見面，高雄人不認得所有高雄人、桃園人不認得所有桃園人，都變成理所當然之事。因此，文學作品也隨著這種演變，開始關注人心之中的疏離、寂寞與茫然。延伸出來的思考就是：我是誰？我在哪裡？我在這裡做什麼？身邊這些陌生人在幹嘛？

本單元選錄的三篇文章，便是從群居到都市的三個樣態，分別是「崇古」、「調適」與「融入」。

第一篇是陶淵明的〈桃花源記〉。這是中國文學史上的名篇，生活在政治黑暗、戰亂頻仍時代的作者，在文章裡面虛構了一個與世隔絕、時間凝止的理想世界。誤打誤撞闖入的漁人，發現這個理想世界之所以理想，是因為它保存了古老時代的美德。在那個「雞犬相聞」的超小型聚落裡，沒有國家、沒有政府，外部世界的紛亂鬥爭都不會發生。我們可以在這篇文章裡面，看到一種對世界日漸複雜化的抗拒，一種「崇古」的思維——如果複雜的世界只能帶來痛苦，回到古老、單純的時代，是不是就能解決這些問題呢？

然而時代繼續前進，古老單純的日子永遠無法再回來了，我們只能試著去面對日益複雜的世界。第二篇選讀鄭清文的〈門〉，這是一篇描寫一九六〇年代臺灣社會的小說。那時的臺灣剛剛脫離戰後初期的屠殺與動盪，經濟開始復甦，都市化的進程也開始加速了。〈門〉呈現了都市生活的諸多元素：高度分工的「職業」以及伴隨而來的「失業」、「大衣」與「麵包」這類非必需品的消費習慣、充滿現代感的「燈光」與「車窗」等場景。崇古情緒不再，取而代之的，是努力在大都市裡面活下來的「調適」之旅。值得注意的是，〈門〉裡面出現了大量的內心描寫，即使是親如夫妻，白仁光仍然無法直率地說出自己的心情。這正呼應了前段所言，當文學開始描寫都市經驗時，往往就會開始注意人心的疏離、寂寞和茫然等內在情緒。

最後，我們要來閱讀張惠菁的〈福和橋〉。不管從哪一個方面看，這篇文章都是典型的「都市」產物。從內在看，它描寫了大都會的人群移動及其意義；從外在看，它是發表於商業雜誌的專欄文章，這種媒體樣態也是都市獨有的。〈福和橋〉所描寫的人們已經完全「融入」在都市生活之中了，對於都市的諸種景象見怪不怪，反而是要透過作家刻意抽離視角、刻意陌生化的觀察，我們才能看見習以為常的事物之中，有多少微妙、滑稽的人間百態。

人是群居的動物，但人也有渴望自由的本能。這樣的矛盾，構成了文學作品裡最值得玩味的主題之一。人類的歷史是從小型的聚落走向大型的都市，而我們每一個人的生命，也是從小型的家庭、班級，逐漸走向大型的社會、國家。這些文學作品所談論的，正是我們每一個人都將經歷的軌跡。

第五課　桃花源記

題解

本課選自《陶淵明集》，文後有詩，一般將此文視為〈桃花源詩〉的序。此文約作於劉裕篡東晉後二年（西元四二二年）、陶淵明歸隱後十六年。文中描述身處亂世的漁人偶然進入一個與外界隔絕五六百年的聚落。這個聚落裡人們彷彿生活在一個時間凝止狀態中，驚訝於漁人的出現之餘，對外面世界的樣貌也充滿了好奇。

作者在文中創造此聚落寄託理想世界的模型，後世遂以「桃花源」為理想世界的代稱。這個理想世界的其中一項特殊之處在於，它並不是一個改革創新的新世界，而是一個維持傳統的舊世界。因此，「桃花源」究竟是一種追求？還是一種逃避？是值得深思的問題。「外面」世界的角色除了「漁人」外，還有「太守」和「劉子驥」。這三個角色在故事中象徵的意義歷來有許多的討論，這樣的討論可以帶我們更深一層探究作者關於理想世界的思考。

全文使用白描手法，用字遣詞精鍊流暢，有別於六朝盛行的駢儷文風，為作者晚年的代表作之一。

作者

陶淵明（西元三六五年—西元四二七年），一名潛（一說是因為劉宋時期，因見政治黑暗而改名潛），字元亮，潯陽柴桑（今中國江西省九江市）人。身歷東晉、劉宋兩個朝代。

陶淵明幼年喪父，自言「少貧而苦」、「弱年逢家貧」。二十九歲前為家居讀書期，有詩言：「少時壯且厲，撫劍獨行遊。」、「猛志逸四海，騫翮思遠翥。」二十九至四十一歲之間，有時作官、有時退隱，因門第的限制（請參閱第一冊〈世說新語選〉提及的品評人物）僅能擔任地方幕僚性質的小官，任職期皆不長。四十一歲因生活所逼，出任彭澤縣令，到職僅八十餘日即掛印而去，從〈歸去來辭并序〉一文中可見其脫離官場的愉悅與追求歸隱田園生活的樂趣。國中國文曾選錄陶淵明的〈五柳先生傳〉，這是一篇帶有自傳色彩的文章，文中勾勒出一位不慕榮利、安貧樂道、獨立於世俗之外的隱士樣貌，十分貼近他本人的形象。

歸隱後的陶淵明只過了幾年平靜的生活，隨後打擊接連而來。火災與戰爭致使他流離失所，生活陷入困境。晚年作品多描述生活艱困、貧病交加的狀況，〈桃花源記〉即為此時期寄託政治理想之作。死後友人私謚「靖節」，後世稱「靖節先生」。

陶淵明性情率真、個性分明、淡泊名利，反映在作品的風格則為樸質無華、情感真摯、意境深遠，然而在當世不受重視，鍾嶸《詩品》列其詩為「中品」。唐宋以後開始獲得推崇，蘇軾曾讚之：「質而實綺，癯而實腴。」元好問論其詩：「一語天然萬古新，豪華落盡見真淳。」鍾嶸稱其為：「古今隱逸詩人之宗。」後世推為「田園詩人之祖」。後人輯有《陶淵明集》。

晉太元中[1]，武陵人[2]，捕魚為業[a]，緣溪[3]行，忘路之遠近[4]。[b]忽逢桃花林，夾岸數百步，中無雜樹，芳草鮮美，落英繽紛[5]，漁人甚異之[c]；復前行，欲窮其林。林盡水源[6]，便得一山。山有小口，彷彿若有光[d]，便舍船[7]，從口入。[e]

初極狹，纔[8]通人；復行數十步，豁然[9]開朗。土地平曠，屋舍儼然[10]。有良田美池桑竹之屬[11]，阡陌交通，雞犬相聞[12]。[f]其中往來種作，男女衣

提問

a 請參考「作者」欄的時代氛圍，試猜想漁人可能過著什麼樣的生活？

b 溪是漁人工作的場域，他對這附近應該要很熟悉，有什麼可能的原因導致他「忘路之遠近」？

c 漁人看到什麼景象使他感到「異」？為什麼這些景象會使他「甚異之」？

d 請想像一下漁人看到「山有小口，彷彿若有光」景象的感覺如何？如果作者把山洞換成「樹洞」、「鏡子」，對於第一段的敘述的真實性（或虛設性）會有什麼影響？如果讓你想像當代版的異世界「入口」，你會怎麼設計？

e 漁人「甚異之」之後「復前行，欲窮其林」；看到山有小口「便舍船，從口入」。從這些行為你認為他具有哪些性格特質？

著，悉如外人[13][g]，黃髮[14]垂髫[15]，並怡然自樂。[h]見漁人，乃大驚[i]，問所從來，具[16]答之，便要[17]還家，設酒殺雞作食，村中聞有此人，咸來問訊[18]。自云先世避秦時亂，率妻子邑人，來此絕境[19]，不復出焉[j]；遂與外人間隔。[k]問今是何世，乃[20]不知有漢，無論魏、晉。此人一一為具言所聞，皆嘆惋[21]。[l]餘人各復延[22]至其家，皆出酒食。[m]停數日辭去，此中人語云：「不足為外人道也[23]。」

f 請試著描述這個聚落的空間規劃、生產方式以及人口多寡。

g 你認為「男女衣著，悉如外人」的「外人」指的是洞內以外的人？還是漁人世界的外人？為什麼？

h 人到了一個陌生的、新的地方，可能會注意到「特別」的東西，但漁人所看到的景象和一般農村並沒有什麼不同。由此推論，你認為漁人原來的世界可能是什麼樣子？

i 如果你在居住的社區中看到不認識的人會「大驚」嗎？為什麼？請推想村人「見漁人，乃大驚」的原因可能為何？

j 請從文章中提供的線索，計算這個聚落大概建立了多久，推測大約經過了幾個世代？

k 山洞裡（桃花源）的人對於漁人這個陌生人的反應是什麼？你如何解釋他們為了逃避苛政（戰亂）逃到這裡卻對於陌生人毫不設防的行為？

既出，得其船，便扶[24]向[25]路，處處誌[26]之。及郡下[27]，詣太守[28]說此n。太守即遣人隨其往，尋向所誌，遂迷不復得路o。南陽劉子驥[29]，高尚士也，聞之，欣然規往[30]，未果[31]，尋[32]病終p。後遂無問津[33]者。

l 你認為漁人對村民說了什麼，以致於村民「皆嘆惋」？

m 綜觀第二段，請試著說出桃花源沒有的東西（或設施）而洞外世界有的是什麼？作者讓桃花源缺少這個東西的用意為何？

n 漁人的世界因戰亂而破敗，為什麼他離開桃花源後第一件事不是舉家移居而是報告太守？如果桃花源裡的人想要確保洞裡世界的太平康樂，他們有沒有更好的方式？如果有，為什麼不做？

o 太守聽到漁人的報告，隨即派人前往尋找桃花源的動機為何？太守一行人無功而返，漁人的下場可能會是什麼？作者安排太守找不到桃花源的用意是什麼？

p 作者為何安排劉子驥找不到桃花源？一般的說法是「漁人、太守、劉子驥」是因為「有心機」所以找不到桃花源，你同意「有心機」這個解讀嗎？為什麼？你有沒有別的可能的解讀？理由為何？

注釋

1 太元：東晉孝武帝年號，西元三七六—三九六年。
2 武陵：晉郡名，在今中國湖南省常德市。
3 緣：沿著、順著。
4 遠近：距離。
5 落英繽紛：落花繁多。英，花。繽紛，眾多貌。
6 林盡水源：桃花林的盡頭，就是溪水的源頭。
7 舍：離開。通「捨」。
8 纔：僅、只。通「才」，「纔」音「ㄘㄞˊ」。
9 豁然：開闊的樣子。「豁」音「ㄏㄨㄛˋ」。
10 儼然：整齊的樣子。「儼」音「ㄧㄢˇ」。
11 屬：類。
12 阡陌交通，雞犬相聞：田間道路通達，彼此可以聽到雞鳴狗吠聲。阡陌，田間小路。
13 外人：外地人。這是從漁人的角度看，村中男女衣著與武陵當地不同，有如外地人。一說為「洞外的人」。
14 黃髮：借指老人。老人髮色由白轉黃。
15 垂髫：借指兒童。古時兒童不束髮，頭髮從腦門垂至額頭。「髫」音「ㄊㄧㄠˊ」。
16 具：詳細。
17 要：邀請，通「邀」。「要」音「ㄧㄠ」。
18 咸來問訊：都來探問消息。咸，全。
19 絕境：與外界隔絕的地方。
20 乃：竟然。
21 惋：歎息。「惋」音「ㄨㄢˋ」。
22 延：邀請。
23 不足為外人道也：不值得向外邊的人說。不足，不值得。這是一個委婉的說法。
24 扶：沿著、順著。
25 向：先前。
26 誌：做標記、做記號。
27 郡下：武陵郡官署所在地。

28 詣太守：謁見太守。「詣」音「一ˋ」，到，特指到尊長那裏去。太守，一郡的行政長官。

29 劉子驥：名驎之，東晉人。為人不慕名利，好遊山玩水，隱居不仕。

30 規往：計劃前往。

31 果：實現。

32 尋：不久。

33 問津：問路，此有尋訪之意。津，渡口。

BOX 田園詩人和山水詩人的差別

魏晉時期有兩位詩人被稱為「田園詩人之祖」以及「山水詩人之宗」，他們分別是陶淵明和謝靈運。「田園」和「山水」的主題有什麼不同？簡單的說就是「躬耕田園」和「遊賞山水」。

陶淵明歸隱後除了喝酒串門子以外，也需要種地養活自己和家人，無奈不諳農事的他，收成總是不盡理想。謝靈運是魏晉王謝二大家族的子弟，出門遊賞山水不僅有僕從跟隨，有轎子代步，還發明了爬坡和下坡用的木屐。

田園詩的作品是用生命與土地交陪，以農村生活、農事為主題；山水詩的作品則通常是在旅遊活動中，創造對自然景物審美體驗的作品。

問題與討論

1 在這篇文章中，解決政治困境的方法是從過去的經驗中尋求答案，打造一個復古的聚落，而不是追求開創新局。你認為這兩種作法各有何優缺點？

2 作者認為人民苦難的根源是政府，所以只要逃避了政府，桃花源村人們便能過著祥和的生活。在你的生命經驗中遇到困境時，你會選擇逃避困境還是面對困境？兩種作法通常會有什麼樣的結果？

3 這篇文章中有兩個時間軸，一個是「現代」（作者所處時代）的世界，一個是「時間靜止在古代」的桃花源。近年有一種流行的小說類型，被稱之為「穿越小說」，用來指稱主角跨越兩個時間軸，從而突顯出「現代」的某個議題。請舉一個你知道的「穿越」故事（小說、電影皆可），說明該故事想討論的現代議題為何？

寫作練習：「突破現狀」的開頭方式

「突破現狀」是一種啟動文章的方式，不管在小說、散文還是報導寫作中，都很常使用。當我們要敘述一件事的時候，我們可以先挑出這件事裡面，跟現狀最不同的地方，從那裡開始寫起。這樣寫的好處，是能夠快速吸引讀者的注意力，讓讀者願意讀下去。就像〈桃花源記〉的開頭，陶淵明是從「迷路」、「奇異的景象」來啟動文章，很快地把讀者帶入奇幻氛圍中。我們可以想像，如果陶淵明從「漁人早上出門做了什麼準備工作」之類的日常現狀開始寫起，就會顯得比較拖沓、平淡了。

請從過去的一個月挑出一天，撰寫那一天的日記。這則日記必須採用「突破現狀」的開頭，從那天當中最不平凡的事件開始講起。必要時，你可以在別人看不出來的情況之下，加入虛構情節。文長不超過四百字。

文字

1 喬治．歐威爾著，陳枏樵譯，《動物農莊》，麥田，二〇一〇。

2 葉嘉瑩，《陶淵明飲酒及擬古詩講錄》，大塊文化，二〇一二。

3 露薏絲．勞瑞著，鄭榮珍、朱恩伶譯，《理想國四部曲：記憶傳承人、歷史刺繡人、森林送信人、我兒佳比》，臺灣東方，二〇一三。

4 喬治．歐威爾著，吳妍儀譯，《一九八四》，野人，二〇一四。

5 阿道斯．赫胥黎著，吳妍儀譯，《美麗新世界》，野人，二〇一四。

6 柏拉圖著，侯健譯，《理想國》，聯經，二〇一四。

7 尤金．薩米爾欽著，殷杲譯，《我們》，野人，二〇一四。

8 瑪格麗特．愛特伍著，陳小慰譯，《使女的故事》，天培，二〇一七。

9 雷．布萊伯利著，徐立妍譯，《華氏451度》，麥田，二〇一九。

影視

1 賴聲川導演，《暗戀桃花源》舞臺劇，一九八六年首演。

2 史蒂芬．史匹柏導演，《AI人工智慧》（A.I. Artificial Intelligence），二〇〇一年上映。

3 安德魯．史丹頓導演，《瓦力》（WALL-E），二〇〇八年上映。

4 菲利普．諾伊斯導演，《記憶傳承人：極樂謊言》（The Giver），二〇一四年上映。

5 陳玉勳導演，《健忘村》，二〇一七年上映。

第六課　門（節錄）

題　解

本課節錄自鄭清文的短篇小說〈門〉，為小說的後半部分。〈門〉收錄於《校園裡的椰子樹》，並曾於一九六九年獲得第四屆「臺灣文學獎」正獎。小說的前半描述主角「白仁光」因為細故得罪上司，沒有接到明年的聘書，即將在數個月內被公司解雇、失業的心理痛苦。本課所選的段落，則是當天白仁光回家之後，不願讓自己的妻兒知道自己即將失業，而必須隱瞞事實、壓抑自己、假裝一切正常的情節。

在主題上，〈門〉呈現了一九六〇年代的臺灣經濟漸漸復甦，產業從農業社會開始轉型為工商業社會、人口往都市集中的樣貌。故事中的公司職員生態、一年一聘的制度、受薪階級的生存焦慮與失業問題，在在呈現了基層員工的生活樣貌。特別貫串全文的「失業」議題，更是工商業社會獨有的社會現象，至今仍是人們關心的問題。

　　而在寫作手法上，〈門〉十分具有現代小說的典型特質，外在的情節並不複雜，轉而全力描寫角色內在的心理活動。小說大多數的篇幅，都在描寫白仁光的失望、焦躁、憤怒以及面對妻兒時的欲言又止和言行矛盾，是非常細膩、深刻的心理描寫。不過，由於本文以一九六〇年代的男性為主角，行文中有若干性別刻板印象，已不符合現代觀念，應視為舊時代的侷限。

作者

鄭清文（西元一九三二年－西元二〇一七年），生於臺灣桃園，週歲即過繼給舅舅，因而移居新北市新莊區。大量出現在鄭清文小說中的「舊鎮」，即以新莊為原型。他在日治時期接受小學教育，因而打下日文基礎；又在國民政府時代接受國中教育，建立了中文能力，是臺灣文學史上的「跨語世代」作家。

鄭清文長年任職於銀行業，利用業餘時間寫作，寫作題材不只包括鄉土回憶，也觸及了工商業社會的人情變化。鄭清文的創作文類包含長篇小說、短篇小說和兒童文學，尤其擅長短篇小說，計有兩百多篇。曾獲世界華文終身成就獎、國家文藝獎、美國桐山環太平洋書卷獎、吳三連文藝獎、臺灣文學獎等，代表作有《現代英雄》、《報馬仔》、《春雨》、《故里人歸》等。

由於擁有日文閱讀的能力，即便生活在資訊閉塞的戒嚴時代，鄭清文仍能透過日文書籍閱讀大量的西方文學作品。他深受俄國小說家契訶夫與美國小說家海明威影響，文字精準簡潔，筆調節制而不過度渲染，處理角色的情緒點到為止，冷靜呈現情節而不直接陳述作者的主觀意見，卻又能讓讀者感到人性的糾葛與掙扎。學者陳芳明認為：「他的文字冷靜而冷酷，猶如手術刀一般，挖掘出來的內心世界比起外在現實還更繁複多變。他酷嗜小津安二郎似的靜態鏡頭，反而捕捉了歷史場景中容易被放過的人生百態。」

我記不得怎樣回到家裡。我就是不知道。一踏進門，妻好像盼望已久，急急迎了出來。看到妻[1]推著滿臉的笑，我皺皺眉頭算是回應她。她的眼睛很眩目，就是在笑。第一回合，我白仁光算打了一次敗仗。[a]

「我已決定了。」

她沒有等得及我開口，這正好。[b]

「什麼事？」

來，我只想嗯一聲，但我怕以後永遠說不出話來。

「我要出去看那一件衣服。」

「那一件？」

好像和過去脫了節，完全連接不起來。

「下午，燕珍來，說她在成都路一家委託行[2]看了一件衣

提問

a 請參考「題解」欄位中，對小說前半段的說明。由此來推測，你覺得白仁光為什麼會說自己「打一次敗仗」？在這種情況下，他心目中的「勝仗」可能是什麼？

b 承上題，想像在這個情境裡，為什麼妻子先開口，對白仁光來說會是「正好」？

服，我決定去看一下。」

女人和衣服。

「好吧。」

反正是女人和衣服。[c]

「你要陪我。」

「嗯。」

本來，我最不願意陪女人上街買東西。今天，我卻不能拒絕。[d]

「真的？」

我點點頭。點頭要比說話容易。

「爸，有沒有買麵包？」[3]

「麵包？我忘了。」

c 從前後文推斷，你覺得這裡的「反正」可能是什麼樣的心情？

d 為什麼白仁光「今天」不能拒絕逛街的要求？如果是你，你也會有一樣的判斷嗎？

早上，我曾答應過孩子。答應就該買回來。但今天，別的事已漲滿了我的頭腦，懦弱。影響已可以看到了。我又一次感覺到打了敗仗。

「我忘了。」

我又說了一次。在今天，這明明不是理由，但對一個五歲的孩子，我卻想把它說成理由。他的眼睛望著我，像一對槍口。我第一次在孩子的眼睛裡看到了懷疑的目神[4]。

「等一會，我們上街買。」

「真的？」

我顫抖了一下。這不是最好的答案。如果他說「一定呀！」還可以忍受。但今天不能發脾氣，甚至於不能說教。不能像以前那樣說從來沒有騙過你。在辦公室，我想做到和平時一樣，但在家裡，我更希望有些事能夠做得不一樣。吃飯，特別小心。我怕隨時要露出破綻。在我，說謊實在困難。而且我意識到，不說話也是一種欺騙。

七點左右，一家三個人浩浩蕩蕩地出發。路上，妻一直談論著衣服的事。對衣服，是外行。我連呢絨是一樣還是兩樣都還不知道。妻還是談論不休，說比聽快樂的人是不會不快樂的吧。

請說明這一段的「一樣」跟「不一樣」分別是指什麼行為。為什麼會有這樣的差別？

當然，我也曾努力去聽她，但思緒不斷地遊離。白天下來的壓力，有增無已[6]。

不續雇就算是解雇。這是生活問題。陪妻和孩子買東西也是生活問題。但今天還是屬於今年，明年是另外一個年度。生活也許是一種連續，今天的確是今天，而且也是今年。

但今天是一個倒霉的日子。今天，一個叫白仁光的人就像芝加哥大屠場裡的無知的牛，被趕進了機器。一陣冷噤。

「怎麼了？」

妻問。她已察覺到了？

「沒有什麼。」

妻已察覺到他心緒的遊離。

「沒有什麼？」

「沒有。」

「難得上街一次，你不高興。」

沒有不高興。裝一個笑臉，然後舒一口氣。結雖然打開了，只是彎彎扭扭不自然。

街上都是人。全臺北市，有一半以上的人上街吧。想問問她幾天沒有上街。應該是兩天一次。但實際上，已兩個多月沒有上街。慚愧之心湧將起來。[7]

路上都是車。機械在走動。人的表情如機械，看來又冷，又蠢。我白仁光雖然沒有看到自己的表情，但一定比那些人更蠢吧。難道你不懷疑自己存在的價值？挫敗的感

「想問問她幾天沒有上街」到「慚愧之心湧將起來」之間，每個短句都省略了主詞，你能否辨識出這些短句的主詞分別是誰？這樣的省略寫法，你覺得有什麼效果？

情在膨脹，而自己好像要從地球消失掉。

妻呢？睜大著眼睛，兩個月才一次。孩子呢，蹦蹦跳跳，比兩個月更久。

窗櫥裏在閃爍著各色各樣的光。心也在跳著，然而你白仁光，是屬於另外一個世界的人。你不屬於這一個隊伍。

一個同事曾經對妻謊說外調基隆，惹她哭了個整晚。女人和眼淚。如果白仁光的妻也知道了今天的事呢，她會中止今天晚上上街嗎？兩個月一次，女人和衣服。

也許他白仁光應該和林進義、王一平他們到圓環喝一杯。林進義和王一平他們是夠可憐的。他們說不聘就不聘，他們還沒有聽說過有人餓死。雖然他白仁光也知道不會餓死，但明年一月一日，他將在哪裡？

他曾經看過報紙上有許多廣告，但今天，他不看。他不願意再給人家增添說話的資料，而且他今天不看，今天和往日一樣。g

有人說，在你最困苦的時候，就想想比你更悲慘的人。他們會是林進義、王一平？會是顧炳煌？他們和你差不多。但你只能想到他們。也許這街上的人。但他們也不像是。也許只有你一個人。你能忍受嗎？一想到這。也許每一個人都比你可憐吧？也許你應該想想印度或其他的地方。

你曾經在電視看到那些排隊等著麵包的人吧。你應該想到他們，你應該同情他們。

「偽善者！」

有一種聲音在你內心裡喊著。自己在不幸中還有心情

g 從前文推斷，你覺得這可能是什麼廣告？為什麼白仁光堅持「今天不看」？

同情別人。滑稽。但你，今天像昨天，該是一個強者。你有妻，有兒子。你應該是一個強者。你可以流淚，但你必須是一個強者。

「我要麵包。」

孩子指著滿櫥窗的麵包說。這是一個現實的問題，你要付錢。今天，你可以付錢，但明年呢？人是不會餓死的。你今天必須買麵包。你突然明白孩子對麵包專注的程度，也知道他很固執。還有什麼會比衣服更使女人專注和固執？

「你看，仁光，那一件乳白色的短大衣。」

十二月的確是一個買短大衣的季節。

「你看怎麼樣？」

「很好看。」

「我可以試一下？」

「嗯。」

妻把衣服套上，走到鏡前，把衣裾拉拉，兩手伸伸，前面照照，後面照照，把身子迅速地轉了個半身，拉拉衣裾，抹平腰身，然後抬起頭來看看我白仁光，笑著。h

「很好看。」

這是第一次對妻的衣服加了意見。我真的懂得什麼？

但這是實話。

「的確好看。」

「真的？」

「真的。」

事情就這樣決定了。她一定沒有預料到我會滿口答應

h 從這一連串動作來看，妻對這件衣服滿意嗎？而從最後看向白仁光的動作來看，她期待白仁光對這件衣服做出什麼樣的回應？

呢。我自己也沒有預料到。[i]

今天晚上，她是一個勝利者。但我卻剛剛打了一次大敗仗。我又想起了白天的事。你不能不想它嗎？我在努力，但我所看到的又使我想起，而我閉眼不看，在我閉眼時，我又想起。[j]

「太貴了？」

「我不知道。」

衣服既然買了，好像可以把話說得自然一些。和來的時候有些什麼區別，也許這就是了。

有些心理學家說過，人有一種傾向，在下意識裡想把不愉快的事情抑壓下去，不讓它在記憶裡容易表露出來。小時候的事也許這樣。但現在，白仁光不再相信能把今天

i 從前後文來看，是什麼事情決定了？妻子和白仁光的「沒有預料到」分別是指什麼？

j 此處提到的「白天的事」是什麼？為什麼白仁光會一直想起白天的事？這跟逛街遇到的事情有什麼關係？

的事忘掉。我實在無法忘懷一件曾在心裡激起大浪濤的事，高興的和不高興的。

有些實用派的心理學者，還在不停地鼓吹如何忘記不幸，他們說這樣可以增進幸福。真的？也許是由於個性，也許是由於人總想固執些什麼。但，我心情和來的時候，總是有些不同的。

不愉快的事固然是不愉快，但我願意能有一件愉快的事和它連在一起。[k]也許有人會責備你，你大概沒有遇到過最不幸的事。

人家要怎麼說是人家的事。今天，我和妻出來，完全沒有預料到。有一件事，我確實知道的，妻今天是愉快而幸福的。

k 此處提到「一件愉快的事」，對白仁光、妻子、兒子三人來說，這件事分別指的是什麼？

輝亮的燈光已漸漸遠去，車內的人是稀少的。車子經過黑暗的一段，我突然在對面的窗上看到了妻的映像。這時候，妻的存在漸漸在我的心中有了位子。我害怕今天的事會使我發脾氣。也許我做得有些過分，有些作假的模樣。但我只能這樣做。

在對面的玻璃窗上，我可以看到妻的牙齒，甚至也可以看到她的眼睛。她在笑。她笑得那麼傻，我覺得。為了一件衣服就可以感到幸福的是女人，而她本身就是無憂無慮的存在。

妻的映像時而清楚，時而消失在背後的燈光。外邊越是黑暗，那映像就反而越加清楚。她在笑，她的牙齒顯得更加清楚。也許她也已經注意到我了。

我把頭轉過去，同時她也轉過來。孩子在她的懷裡熟睡著，兩隻小小的手還緊抱著剛才沒有吃完的麵包。這一塊麵包對他還有些什麼意義？如果我把它拿走，他明天醒來時還會憶起來嗎？

一切固執，只固執到今天晚上。一個兒子任他多固執，他總是要忘的。妻就不同了。她不會忘掉吧。不會忘掉的是傻瓜。妻是小傻瓜，而我白仁光是大傻瓜。為了明天，把它忘了吧。不，我要為了明天而把它記住[1]。這也許就是大人和小孩的不同。

人生並不是一些破碎的斷片，而是一種如縷不絕[9]的整體。好的和壞的摻在一起的整體。這就是人對完整，不是完美的固執吧。

[1] 白仁光在這裡想要記住的是什麼？「為了明天」又是什麼意思？

心理學者既然在努力助人忘掉一切血跡斑斑的過去，以減輕心理上的負荷，我何嘗不可以使用自己的方式來處理自己的悲哀呢？把憤怒轉變成悲哀，這本身就是一種悲哀。

悲哀就是悲哀。人並沒有悲哀的義務，但悲哀仍然要來。我不相信今天這個悲哀，可以用陪妻買一件衣服來抵銷。這不是悲哀的價錢。

買衣服，只能算是一件偶然。在你白仁光的心中，它卻是一件猛激的格鬥。一件衣服在日後還可能引起多次回憶，將再觸到你的創痛。你今天，在牆上所摸索到的，可能只是一道通往悲哀的小門。也許由這一道門進去，你才可以略微懂得了真正的悲哀。

「也許是的。」

他白仁光總算也有了一點結論。他伸手拉拉妻的手，捏了一下。他想起來了，自從那事發生之後，這是他第一件自自然然做出來的事。妻總是要知道的，而他白仁光已可以隨時告訴她。

m

m

小說的最後，白仁光認為自己摸索到了「一道通往悲哀的小門」，並且「略微懂得了真正的悲哀」，你覺得這裡所說的「悲哀」可能是什麼？這又跟結局「可以隨時告訴她」的心理狀態有什麼關係？

注釋

1 推：在臉上呈現表情。此處為鄭清文特殊的用法，常見的用字為「堆」。

2 委託行：戒嚴時代，由於外國商品進口受到管制、難以取得，於是透過船員、留學生、美軍獲得外國商品的商店。

3 麵包：麵包於一九六〇年代，才開始大量流行於臺灣市面。因此，對小說裡的小孩來說，要求買麵包即是在要求買一種新奇的點心。

4 目神：眼光、神色。臺語詞彙，音「bak-sîn」。

5 呢絨：毛織品的統稱。音「ㄋㄧˊ ㄖㄨㄥˊ」。

6 有增無已：不斷增加而沒有停止。

7 湧將起來：湧上來。「將」為助詞，常置於動詞之後，如「打將起來」、「哭將起來」。

8 衣裾：衣服。「裾」為衣服的後襟，音「ㄐㄩ」。

9 如縷不絕：細微、綿長而不斷裂，像細線一樣。

10 鬪：「鬥」之異體字。

BOX 意識流

「意識流」是現代小說非常重要的流派，指的是透過「內心獨白」和「自由聯想」，去模擬人類內心意識流動的寫法。人類的思緒常常是跳躍的，會從一個點跳到另外一個點，這之間只有聯想關係、而未必有邏輯關係，比如看到一條狗想起小時候的布偶，又從布偶的眼睛想到寶石，由寶石的光澤想到鏡子……意識流小說致力於描寫這種流動的思緒，試圖更真實地呈現人類的心理狀態。在〈門〉當中，「孩子指著滿櫥窗的麵包說」到「還有什麼會比衣服更使女人專注和固執」這一整段，就是意識流手法的段落。

意識流小說的出現，彰顯了現代小說關心人類「內在心理」的特質，而跟側重「外在情節」的古典小說不同。現代小說之所以從「外在」轉向「內在」，也與現代都市生活中，人際關係的疏離、個人主義的盛行與社會結構的轉變有關。愛爾蘭作家喬哀思的《尤利西斯》、法國作家普魯斯特的《追憶似水年華》、英國作家吳爾芙的《戴洛維夫人》，都是意識流小說的代表作品。臺灣作家白先勇的〈遊園驚夢〉也沿襲了這個手法。

問題與討論

1 〈門〉的敘事者明明就是白仁光本人，有時卻用「我白仁光」、「你白仁光」、「他白仁光」來當作句子的主詞，這顯示了敘事者怎樣的心理狀態？你在什麼狀態下，會用這樣的句型來描述自己的行為？

2 在小說後段，有這樣的句子：「這就是人對完整，不是完美的固執吧。」從小說的內容來看，你覺得「完整」跟「完美」分別指的是什麼？白仁光最後選擇了哪一個？如果是你，你會做出一樣的選擇嗎？

3 「失業」是〈門〉的主題，也是當今重要的社會議題。你認為「失業」的定義是什麼？在你的定義下，你覺得那是一種怎樣的生活？在那樣的生活中，人會有什麼樣的心理狀態？

寫作練習：內心獨白

「內心獨白」是現代文學非常強調的一種表達方式。相對來說，古典文學雖然也會有內心的描寫，但現代文學對內心獨白的重視程度非常高，所佔的篇幅比例自然也提高許多。「內心獨白」的特徵，是直接讓故事裡的角色說出內心的想法，形成彷彿是自言自語的較長段落。而也由於是內心想法的描摹，所以可以偶爾出現邏輯跳躍的情緒語句。這種寫法的好處，是能夠讓讀者直接體會角色的所思所感，從而帶來共鳴。在〈門〉當中，買完衣服之後的最後一個部分，幾乎全部都是內心獨白。

請回憶一個你經驗中，自己情緒很激動的時刻，把當時心中的所思所感寫成一段內心獨白。文長不超過兩百字。

延伸閱讀

文字

1 黃春明，《黃春明電影小說集》，皇冠，一九八九。

2 王禎和，《嫁妝一牛車》，洪範，一九九三。

3 朱天心，《古都》，印刻，二〇〇二。

4 亞瑟．米勒著，英若誠譯，《推銷員之死》，書林，二〇〇六。

5 卡夫卡著，姬健梅譯，《變形記》（第二版），麥田，二〇一〇。

6 阮義忠攝影，《臺北謠言》攝影集，攝影家，二〇一六。

7 鄭清文，《紅磚港坪——鄭清文短篇連作小說集》，麥田，二〇一八。

影視

1 查理．卓別林導演，《摩登時代》（Modern Times），一九三六年上映。

2 魏德聖導演，《海角七號》，二〇〇八年上映。

3 張作驥導演，《醉．生夢死》（Thanatos, Drunk），二〇一五年上映。

第七課　福和橋

題　解

本課選自張惠菁的散文集《告別》，原文發表於《壹週刊》的「步行書」專欄。文章以連接臺北縣與臺北市的福和橋為中心，透過空間與移動描述現代都市生活，並抒發個人感思。

綜觀臺灣現代文學的發展過程，專欄對散文的影響深遠。專欄起源於報紙副刊，一般採取固定作者、限定篇幅、定期發表的形式經營，但未必限定寫作主題，因刊登在報紙版面中的固定方形區域，故又稱「方塊」。一九五〇年代，臺灣報紙的專欄內容以反共戰鬥為主流；一九六〇年代，文章主題轉向對社會現象的批判，亦有越來越多作者開始專營抒情小品、人生議論。而寫作者在必須頻繁交稿、篇幅受限的創作條件下，多取材自日常生活、社會百態，往往夾敘夾議而兼及抒情，呈現理性與感性交融的風格。

本文即是典型的專欄文章。張惠菁藉著描繪自己行經福和橋的所見，對都市中的民主制度、區域發展、歷史記憶、生活型態提出觀察與分析。從內容來看，本文以空間移動為核心，展開的卻是涵蓋歷史、地理、政治、社會的跨領域視野。表達技巧方面，則兼容客觀的現象、事理敘述，以及主觀的想像、感受抒發。全文語言風格冷靜節制，沒有激切的評論，而多見機智與幽默感。結尾以動態的對比畫面收束，呈現了都市生活的現代況味，意在言外，耐人咀嚼。

作者

張惠菁（西元一九七一年—），臺灣宜蘭人。國立臺灣大學歷史系畢業，英國愛丁堡大學歷史碩士，後於就讀博士班期間放棄攻讀學位，返臺從事文學創作。現為衛城出版社總編輯。

張惠菁最初以小說嶄露頭角，接連獲得中央日報文學獎、聯合報文學獎、時報文學獎、臺北文學獎。評論者認為其小說語言具備含蓄、邏輯、清醒等理性特質，內容與寫作技巧則帶有後現代的風格。成名後，張惠菁受邀撰寫《壹週刊》的「步行書」專欄，展開長期、穩定且持續的散文創作生命。其散文用乾淨而理智的語言，處理各類俗常經驗，舉凡生死情愛、觀影閱讀、流行時事、飲食起居，在她筆下都妥貼靜定、不慍不火。學者張瑞芬認為她「非常善於以微細瑣事，叩問生命的本質，文字中也時常有著靈光乍現的驚喜」。

出版有小說集《惡寒》、《末日早晨》，傳記《楊牧》，散文集《告別》、《你不相信的事》、《給冥王星》、《比霧更深的地方》等，另與紅膠囊合著圖文書《未來11》。

住在中和的那一陣子[1]，我常經過福和橋[2]。

順著緩慢的坡度上升，車窗兩側拉開一整個河面的寬闊視野。然後，又在難以察覺的緩降坡度中，河到了我的背後。公館[3]的百老匯電影院，或是中和的宋楚瑜[4]後援會招牌，出現在視線中。車子加入橋下的車流，銜接順暢，一無阻滯。那時，時間不是一天當中的清晨，就是晚上。[a]

福和橋，連通臺北市與臺北縣[5]。從公館最西端的圓環到永和市[6]的圓環，行過橋中央，會看見橋欄上清楚的界線，把臺北市與臺北縣劃分開來。

每次經過那道界線，我都有種奇妙的感覺。臺北縣與臺北市，這對性格迥異[7]的孿生兄弟[8]，就這樣輕描淡寫地被劃分開來。車子以高速經過福和橋，有時我忘了留意，也

提問

a 請先思考：為什麼過橋的時間不是清晨，就是晚上？再試著推論：下橋時看到百老匯電影院與宋楚瑜的後援會招牌，應該分別是早上還是晚上？

就渾然不覺跨過「省市」的交界。[b]

一九九四年臺北市長首次直選，選戰空前的激烈。當然這樣的說法在後來的選舉中不斷被改寫，因為每一次選舉都比前一次更激烈，臺灣選民總是很有辦法地一再改寫「空前激烈」的定義。

但九四年那時，如果你還記得的話，那時當之無愧真是史無前例的激烈。店員和顧客為支持候選人不同而起口角。電視叩應節目[9]電話響個不停，只好趕快再多開幾個節目疏散叩應人潮。不同省籍的車行[10]呼朋引伴到橋下打群架——是在那時人們才忽然知覺無線電[11]竟是那麼好用的東西，一輛車裝了無線電之後，再也不同於先前單獨穿梭在茫茫車海中、孤立無援的那輛車了，它和路上跑著的遠的

b 這個段落中，哪些詞語呼應了「輕描淡寫」？這種「輕描淡寫」是怎麼造成的？在兩百年前可能發生嗎？

近的計程車都生出「同網」或「不同網」的關係。司機們善用這層網路號召同志助拳。從這點看來，當年那幾場無線電計程車幹架，正是今天網路對戰遊戲概念上的鼻祖。

本來這選舉選的是臺北市長，可臺北縣民也跟著參與了選戰。他們和臺北市太近了，不能不對選戰也說幾句話。他們睡在臺北縣，卻活在臺北市。一覺醒來就到市裡工作，天黑到餐廳酒館續完兩攤才回家。一天二十四小時當中，他們在臺北市的時間比在臺北縣更多，怎麼能管得住自己不發話呢？他們想。不能因為戶籍地上有個縣字就不讓我們管。

於是當電視叩應節目討論市長選情時，臺北市民發現他們打進節目的頻率，大大地被臺北縣民們給稀釋了。三

這段寫選舉的激烈程度，總共舉了哪些例子？這些例子都與「現代化」有關，請你依序排現代化的程度將它們依序排列，並說明如此排列的理由。

重的，中和的，永和的，新店的，蘆洲的，新莊的。于先生，張小姐，李太太，何先生。就是沒有幾通電話是大安區或文山區或萬華區打進去的。如果能用一個人一天待在臺北市的平均時數，決定他在市長選舉中能有百分之多少的投票權，那麼當縣民們晚上下班跨過福和橋上的省市交界，回到家裡時，也許會比較心平氣和一點。d

臺北市人終究不能阻止鄰居對他們的市政發言，而且發得熱血沸騰，發得意氣昂揚。誰叫臺北縣人關心臺北市長是誰，臺北市民卻不大關心臺北縣會不會有一座核能發電廠[12]。e 誰叫臺北市用幾條橋樑和臺北縣接了壤，福和橋不過是其中之一而已。

福和橋。它不像中正橋那麼有歷史，中正橋在日據時

d 這兩段中，對於一個人能否關心臺北市長選舉，顯然有兩套標準，請嘗試說明兩者，並分析它們之間為何會有矛盾？

e 臺北市民與臺北縣民對彼此縣政、市政的關切程度有何差異？你認為是什麼導致這種差異？

代的名字叫做川端橋[13]，那時它還只是窄窄的一段木頭橋。周夢蝶[14]寫過一首詩叫〈川端橋夜坐〉。川端橋川端橋，這名稱只留在老一輩人的說法裡，就像臺北市其他地方一樣，光用你口中稱呼它的地名，就可以判斷你所經歷的、記憶的，是哪一個時期的臺北。你是說七條通[15]還是說中山北路ＸＸ巷，你說寧波西街還是說崁頂[16]？稱呼一個地方的名目，總是更多地洩漏著你自己。中正橋，你是用這規規矩矩的三個字稱呼它，還是用異國情調的「川端橋」？用這座橋聯想一位日本文學家[17]，還是一個島嶼統治者？你對它的記憶，是五〇年代在臺北市這頭的外省聚落，還是今天在臺北縣那頭二十四小時的永和豆漿？ f

福和橋。福和橋沒有這樣的歷史。它甚至沒有永福橋[18]

f 這段提到，地理、交通上的命名往往帶有歷史與政治意涵，請就你所知的地名或路名，針對歷史與政治各舉一個例子，並說明：這些名稱分別來自什麼年代與背景因素？

那誇飾俗艷的飛拱[19]，它的名字帶點可親的土氣，但它和臺北市高架道路銜接，使它變成連通中永和與敦化南路、光復南路商圈最快速的捷徑，每天早上它運送無數縣民，在上班遲到的壓力下把他們送進臺北市度過一天。它成為今天臺北市與臺北縣之間通勤關係的一個縮影。

＊＊＊

我也曾是早上進臺北市，晚上回臺北縣的一人。我看見福和橋的時候，總是在一天當中極早與極晚的兩個片段裡。也許是清晨，一天正開始的時候，河上天色燦亮，我奢侈地想，還有一整天的時間。也許是黑夜，一天將近尾聲的時候，夜色如墨，我同樣奢侈地想，還有一整個晚上的睡眠。[g]福和橋在我眼裡總是奢侈的。好像過了橋就斷然了結了過往，就順了時間的流，越了空間的界，就把什麼丟了在腦後。[h]

後來臺北市交通工程處在幾座橋上，都架了攝影機，拍攝「聯外橋樑即時影像」，用意是讓市民們從網路上就可以看到交通狀況。於是福和橋上灰撲撲的車塵也二十四小時上了網。然而那並不能說明福和橋的什麼。認識福和橋，不能只看橋上，更多的精髓在橋下。

清早，在新店溪畔的運動場上，所有在跑道上慢跑或疾走的人，都朝著同一個方向移動。他們當中也許有跑得很快的，也有散步的，不過從橋上望出去，都是同樣緩緩

[g] 這段敘述，明顯呼應了文本前面的哪個段落？前、後兩段同樣在寫「穿越福和橋」的所見，但讀起來感受有什麼差別？你認為導致這種差別的原因為何？

[h] 從「好像過了橋」到本段結尾，共出現六個「了」，它們的字音完全相同嗎？而所謂被斷然了結的「過往」，可能指的是什麼？為什麼越了空間的界，就能「把什麼丟了在腦後」？

移動的黑點。

那時河對岸上的上班時間已經逼近，橋上許多人在動彈不得的公車裡頻頻瞄著腕上的手錶。[i] 但河濱運動場裡，不需要在意上班時間的老人家們，繼續以緩慢的元極舞[20]節奏，回應對岸高樓的招呼。高樓裡卡鐘[21]答答響著，老人家目不斜視地專注在自己的時間裡，手掌向前推出一個完美的弧形。[j]

i 橋上的人與橋下的人，分別在做什麼？他們面對「時間」的態度、感受有何不同？為何會有此不同？

j 本段寫到兩種時間：「高樓裡卡鐘答答響著」以及「專注在自己的時間」，你能描述這兩種「時間」的差異嗎？是什麼原因導致這種差異？

注釋

1 中和：新北市行政區，位於臺北盆地西南區，緊鄰永和區、板橋區、土城區與新店區，因與永和區關係密切，故有「雙和地區」之稱。

2 福和橋：一九七三年開通，橫跨新店溪，為連接臺北市中正區、文山區以及新北市永和區的橋樑。

3 公館：地名，位於臺北市中正區、文山區、大安區交界處。名稱源自清代，政府為課稅與管理需求，於此設置官署，俗稱「公館」，後遂成為此地代稱。

4 宋楚瑜：（西元一九四二年—）臺灣政治人物，生於湖南。曾任新聞局長、臺灣省長，並三度參選中華民國總統。現為親民黨主席。

5 臺北縣：中華民國行政區，為臺灣人口數最多的行政區。二〇一〇年升格直轄市，更名為「新北市」。

6 永和市：舊時臺北縣內之行政區，現為新北市永和區。

7 迥異：不相同。迥，的確、特別。

8 孿生兄弟：雙胞胎兄弟。孿，雙胞胎。

9 電視叩應節目：此指設有觀眾叩應機制的談話性政論電視節目，是一種設有主持人與來賓，針對設定好的政治、社會議題進行討論的電視節目，觀眾可在直播時段打電話至電視臺，即時在節目中發表意見。「叩應」為英文 call in 之音譯。

10 車行：指「計程車行」，為計程車的經營模式之一。車行內車輛間以無線電或電腦系統彼此聯繫，以利載客工作的即時調派。

11 無線電：一種通訊工具，信號並不經由導線傳遞，而是變為電磁波的形式發射至空中，再接收而得。此技術最早應用於航海，臺灣的計程車行則用無線電來建立車隊網絡，藉以聯繫、調度車輛。

12 核能發電廠：此指「第四核能發電廠」，建於新北市貢寮區，但自一九八〇年代提出後爭議不斷，至今仍未運轉。

13 川端橋：中正橋舊稱，橫跨新店溪，為連接臺北市中正區以及新北市永和區的橋樑。川端橋建造於日治時代，一九三七年開通，因連結當時中和庄與川端町而得名。

14 周夢蝶：（西元一九二〇年—西元二〇一四年）臺灣詩人。原名周起述，周夢蝶為其筆名，典故出自《莊子》的莊周夢蝶故事。周夢蝶於從軍期間開始寫詩，退伍後在臺北市明星咖啡館外擺設書攤維生，並加入藍星詩社。周夢蝶的詩作風格悲苦沈重，創作手法多用典故，亦因常融入佛理而帶有禪意。著有詩集《孤獨國》、《還魂草》、《十三朵白菊花》等。

15 七條通：臺北市古道路名，位於現今中山北路一二一巷及林森北路一一九巷。日治時期大正町內有一至九條通，彼此平行，七條通為其中一條道路。

16 崁頂：臺北市古地名，位於現今中正區西南側與萬華區東南側。清末至日治初期，此區域為崁頂庄，因地勢較周邊為高而得名。

17 日本文學家：指川端康成（西元一八九九年—西元一九七二年）。日本首位諾貝爾文學獎得主（一九六八年），著有《伊豆的舞孃》、《雪國》、《古都》等。

18 永福橋：一九八四年開通，橫跨新店溪，為連接臺北市中正區以及新北市永和區的橋樑。

19 飛拱：指永福橋上三道紅色的拱形結構。

20 元極舞：為結合舞蹈、武術、氣功、中醫的一種特殊舞蹈，被認為有益身體健康。

21 卡鐘：即打卡鐘，為機關行號員工上下班時，打卡所用的特製時鐘，將出勤卡片插入，時鐘會將當下時刻打印在卡片上。

問題與討論

1 張惠菁在文中描述了當代民主制度常見的現象：在甲地生活的人，因為戶籍地在乙地，所以無法參與甲地的投票。你認為這種現象的成因為何？這種現象又可能會帶來哪些問題？

2 張惠菁在文中提到，每個人對於同一個地方會有不同的記憶，這是什麼原因所導致？能否舉親身經歷說明？

3 本文是一篇寫現代都市生活的文章，請你試著找出：文中有哪些對生活中的描寫，是傳統農業社會沒有的？是什麼原因導致這種生活型態與感受？

寫作練習：對比的畫面感

寫作雖然是用文字來跟讀者溝通，但若能透過文字營造出強烈的畫面感，便能讓讀者感受到更立體的美感。在營造畫面感時，一種常見的手法，就是借用對比的空間構圖，來描寫出對比的主題或事物。比如在本文的最後兩段，張惠菁透過「橋上」、「橋下」的對比空間來建構畫面感，從而延伸到「橋上焦急的時間」與「橋下悠閒的時間」，不只空間是對比，連所要描述的抽象概念「時間」也是對比，就是一種非常鮮明的手法。

請你任意尋找生活中的一個空間，描寫一組對比的畫面感。不管是「上下」、「內外」、「左右」、「前後」……都可以。同時，你必須寫到這組畫面感中兩種對比的人，讓讀者感受到他們的差異。文長不超過三百字。

延伸閱讀

文字

1 林燿德，《一座城市的身世》，時報文化，一九八七。
2 卡爾維諾著，王志弘譯，《看不見的城市》，時報文化，一九九三。
3 畢恆達，《空間就是權力》，心靈工坊，二〇〇一。
4 張曼娟，《曼調斯理》，麥田，二〇〇五。
5 柯裕棻，《甜美的剎那》，大塊文化，二〇〇七。
6 朱天文，《世紀末的華麗》，印刻，二〇〇八。
7 吉田修一著，夏淑怡譯，《同棲生活》，麥田，二〇一〇。
8 舒國治，《水城臺北》，皇冠，二〇一〇。
9 賴伯威，《寄生之廟：臺灣都市夾縫中的街廟觀察，適應社會變遷的常民空間圖鑑》，野人，二〇一七。
10 前田愛著，張文薰譯，《花街．廢園．烏托邦：都市空間中的日本文學》，臺灣商務，二〇一九。
11 馬格斯．朱薩克著，馬新嵐譯，《克雷的橋》，木馬文化，二〇一九。
12 張惠菁，《比霧更深的地方》，木馬文化，二〇一九。

繪本

1 幾米，《向左走，向右走》，大塊文化，二〇〇八。

音樂

1　蘇打綠演唱，〈小宇宙〉，收錄於《小宇宙》，二〇〇六年發行。

影視

1　王家衛導演，《花樣年華》（In the Mood for Love），二〇〇〇年上映。

2　二十二位導演共同執導，《巴黎我愛你》（Paris, je t'aime），二〇〇六年上映。

基隆高架道路
KeeLung Expwy.
水源快速道路
ShuiYuan Expwy.
3
高速公路
FREEWAY
羅斯福路
Roosevelf Rd.
基隆路
KeeLung Rd.
40
7-9
17-19

第四單元

中國文史——唐宋

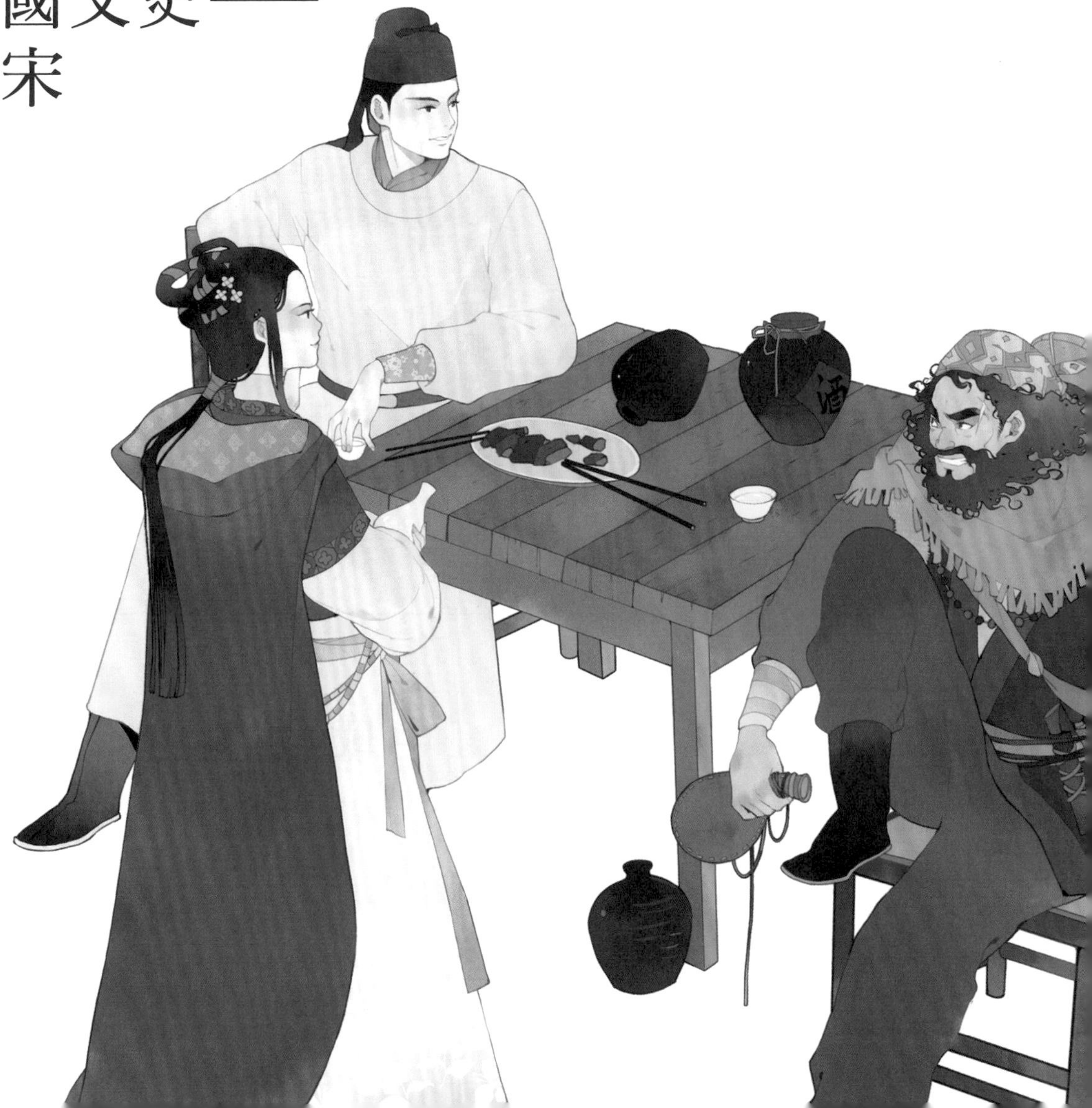

導言
中國文學史——唐宋

這個單元接續第二冊第四單元的「漢魏六朝」，要帶各位認識「唐宋」的文學變遷。上一冊提到每個時代的文學作品所呈現的樣貌，有他的「外部原因」與「內部原因」。這個單元我們要介紹的概念是「典範與創新」，在學習完這個概念之後，你可以試著將之與「外部／內部原因」交互參看，練習用更全面的眼光觀看這些作品。

唐帝國在漢魏六朝的基礎上，創造了新的文化顛峰，在文學作品上更形成了種種「典範」。宋代文人在面對這些典範時，除了模擬、承繼之外，更積極嘗試著新的題材與手法，試圖突破前人之成就，這讓宋的文學成就達到了另一個高峰。

唐之於宋有其典範意義，而「唐宋」對於後世來說更是一個崇高的典範。宋人在唐人典範之下嘗試著創新的可能，而宋之後的人們則大多跟隨著唐宋人的腳步，有意的效法甚至模擬。當然，在這些過程中，新的時代仍呈現了不同於前代的文學面貌，這卻是後人所不自覺的。整體來說，「典範」與「創新」這兩個概念，是思索文學演變問題時極重要的兩把鑰匙。

「唐宋」階段的文學作品流傳至今的數量更多了，因此梳理起來也更加複雜。以下略分為「詩、詞、賦、古文、傳奇、話本」六大類。我們雖然為求清晰而分類討論，但這些文類往往會吸收其他文類的元素，打破文類的界線，這也是它們之所以能夠推陳出新的原因之一。

一、詩

唐宋詩歌在中國文學史上佔據極重要的位置。唐詩是宋詩的典範，宋代詩人在面對唐詩所成就的文學高峰時，亦積極思考新的出路。一般我們會將唐詩的發展分為「初唐、盛唐、中唐、晚唐」四個時期，這個「四期說」由明代的高棅所提出，後人很常沿用，本單元也將以這個分類處理唐詩。唯需注意文學史上的分期都只是為了方便，但時代與時代之間無法完全切割，前朝與後代間自然都有延續與重疊之處。

初唐詩歌仍帶有南朝風格，題材大抵不出宮廷生活，也有許多歌功頌德之作。開元、天寶到安史亂前，傳統上稱為「盛唐」。當時強盛的唐帝國積極對外用兵，加上科舉對詩賦能力的重視，士人們積極以文采求取功名，詩作中更不時透露對帝國功業的歌頌與期許，後世稱之為「盛唐氣象」。

此一時期發展出古典文學重要的美學典範——「情景交融」。詩人的情志抒發，與六朝時發展的景色描繪相結合，使得情能生景，景中含情。這個時期最具代表性的詩歌主要可分為兩類：「山水田園詩」與「邊塞詩」。前者透過山水田園之景觀，安頓創作者的精神世界；後者多寫邊塞戰爭，有建功立業的豪情，也有征戰的悲苦。

盛唐最具代表性的詩人當推李白與杜甫。李白天才橫溢，尤其擅長歌行體，其成就可視為漢魏古典詩歌發展以來的一個巔峰。杜甫詩歌創作的思索與體悟格外深刻，對後世產生極大的影響與啟發。你可以參照上述脈絡，在第九課中閱讀杜甫的〈登高〉。

安史之亂後，唐帝國民生凋敝，進入「中唐」時期。元稹、白居易提倡「新樂府」，承繼了杜甫以來的社會寫實詩，詩人開始自覺的以詩歌創作擔起社會責任。自杜甫以來，詩人在詩歌語言上的用心日深，力求突破，這種創作態度一直延續到宋初。

這個時期我們選了李賀的〈金銅仙人辭漢歌〉為代表。黃巢之亂後，帝國逐漸走向衰亡，進入了詩風華美而傷感的「晚唐」，文學史上以夕陽餘暉形容。

從六朝到唐代，詩歌藝術上的成就逐漸飽和。宋代重要詩人梅堯臣、蘇舜欽乃至歐陽脩投入創作，積極思索創作出路，漸漸展露自身特色。梅堯臣一生專力為詩，並率先提出「平淡」的詩歌主張，雖然在開創期仍不免帶有晚唐詩風的影響，但也逐漸建立起宋詩獨特的面貌。我們在第九課選了梅堯臣的〈魯山山行〉，就呈現了過渡時期的色彩。

北宋年間詩人輩出，除有名的「三蘇」父子與王安石外，也有以黃庭堅為首的江西詩派。在梅堯臣等人的影響之下，江西詩派有意識地學習杜甫的創作風格與主張，更提出了具體的創作理論。到了南宋，詩人則受到時代變革影響，呈現出家國之思或歸隱田園之志。

相對於唐詩而言，無論是北宋或南宋的詩歌，大抵呈現了幾個特別的面向：

（一）詩風平淡。宋代文化較內斂，喜追求平淡，達到看似樸拙、生硬，實則蘊含深刻的境界。

（二）鍛鍊字句。宋人吸收唐人佳句並變換字面，或是化用典故，「江西詩派」稱之為「奪胎換骨」與「點鐵成金」，如黃庭堅的〈雨中登岳陽樓望君山〉等詩，對後世影響很大。

（三）以文為詩。自中唐韓愈等人開始嘗試，大量使用散文語法入詩，創造出不同以往的詩歌節奏。這類風格常以議論入詩，或批判國事，或寓託哲理，是宋詩重要特色。

（四）平易俚俗。相較前代，宋代士人階層擴大許多，生活經驗更為接近庶民，因此他們更廣泛的書寫日常生活，大幅擴大了詩歌可以處理的題材。當中，有些詩歌風格走向明白曉暢，甚至使用當時口語入詩，俚俗而親切。

此後，「唐詩與宋詩，哪一個是更好的學習對象？」這樣的問題惹得後世爭執不休，可見唐詩與宋詩各具魅力，代表了不同的美學，深刻影響後世的古典詩歌學習者。

二、詞

與《詩經》、漢樂府類似，「詞」原本也與音樂、舞蹈為一體。它的音樂系統主要來自隋唐時期的「燕樂」，受外族音樂影響很深。到了晚唐五代，民間與文人都流行創作「詞」。當時的民間創作風格樸拙，題材多樣；文人詞的創作則多半書寫閨怨相思，風格綺豔，可以《花間集》為代表。南唐後主李煜亡國後所作的詞，則強烈抒發自身亡國之悲，風格婉約內斂，奠定了詞體正宗。我們在第十課中選錄了李煜的〈浪淘沙〉作為代表。

到了宋代，由於國家長期安定、都市繁榮，「詞」的形式、內涵、風格都發展到極致，而宋代詩歌中較少直接抒寫的情感，也能藉「詞」表現。一般說法常將「詞」分成「婉約」與「豪放」兩種風格。北宋詞壇多「婉約」詞作，但因為庶民文化蓬勃發展，有的詞人在創作時開始使用俚俗、口語化的語言，增加了許多敘事筆法，詞風別開生面，為詞壇注入新的生命。第十課選錄的柳永〈雨霖鈴〉即為此類作品的代表作。

「豪放」一路一般認為由蘇軾所開。更具體的說，蘇軾對詞的開創在於其「以詩為詞」，更能直接傳達自身性情與人生感悟，開啟了詞體的新典範。豪放派的代表詞人不少，辛棄疾就是南宋最著名的一位。第十課選錄其〈破陣子〉一作，很能代表這類豪放詞。

到了南宋，詞壇一方面延續詞體的「婉約」傳統，風格更加雅緻，章法更加嚴謹；另一方面則繼承蘇軾的開創，以辛棄疾為代表，不只以詞抒懷寫志，更大量融入散文語句，援用經史典故，確立了詞體的「豪放」風格。

三、賦

賦發展到南北朝，愈來愈講究對偶與聲律，因而當時流行的賦被稱為「駢賦」或「俳賦」。到了唐代，賦的句式、對偶與聲律漸漸定型，後世稱作「律賦」。「律賦」在唐宋時期的科舉制度都作為進士科的考科之一而大為盛行，但也因大多格局窄小而受到批判。

到了宋代，歐陽脩、蘇軾等人開始以散文手法創作賦，後世多稱這類賦為「文賦」。「文賦」之所以被稱為「文賦」，是因為將不少篇幅讓位給議論說理；形式方面也接近散文，在句式上參差錯落，富於變化，用字遣詞則流暢淺近，押韻也不遵循規則，可由此看出宋人喜歡引入散文質素來改造文體的傾向。

四、古文

初唐、盛唐時期，駢文仍然盛行。中唐開始，士人改革政治的呼聲漸起，相對於駢文的「古文」也開始興起。真正成功的散文文體改革，一般以韓愈、柳宗元等人為代表，後世稱為「古文運動」。該運動的重要主張如下：

（一）內容：強調闡發儒家之道，更強調將道德修養化作文章的情感力量。

（二）形式：雖然提倡學習先秦兩漢的史傳、哲理散文，但也強調去除陳詞濫調，結合當時語言；不再限於整齊句式後，「古文」作家可以運用文句長短、文字節奏更充分適切的表達意涵，塑造動人的氣勢與情感。用途方面，「古文」甚至擴大到大部分的應用文體，十分廣泛。關於這些主張，可參看第一冊的〈師說〉。

總體而言，「古文運動」的主張雖是「復古」，實際上是以自覺選擇的「復古」開出新變的道路。韓愈、柳宗元等人過世之後，「古文」發展走向奇異怪僻，因而沒落，駢文又再度流行，進而發展為句式更為嚴格的「四六文」。直到北宋歐陽脩藉著主掌科舉的機會，提拔了王安石、曾鞏與三蘇父子等人，使「古文」文從字順、平易流暢的面向成為主流，因而大為成功，古典散文的典範地位從此確立。

五、傳奇

先秦的神話傳說與諸子寓言都有類似現代定義的「小說」成分，然而過於簡短，解說自然現象或議論事理的目的性也比較明顯。這部分可參看第一冊選錄的〈禹鯀治水〉。到了魏晉南北朝時期，開始出現一批紀錄鬼怪傳聞或奇人軼事的短篇作品，後世稱作「筆記小說」。雖然編錄者多半仍認為自己只是筆錄逸聞，可視為史傳文學的延伸。然而，當中已經有較為簡單的情節與人物的形象刻畫，因而被認為這是中國古代小說的萌芽。這部分可參看第一冊選錄的《世說新語》。

到了唐代，開始有一批作品被認為是文言短篇小說的成熟標誌。由於晚唐裴鉶編撰的《傳奇》收錄這類故事，所以後世將這類文言短篇小說稱為「傳奇」。唐代「傳奇」之所以被認為是成熟的小說，是因為這類作品更自覺講究傳達故事的方式，不再只是隨筆紀錄而已，確立了文言小說的典範。比起「筆記小說」，「傳奇」篇幅加長，更能夠發展出曲折的情節與塑造豐富的人物形象；形式上，既吸收史傳與唐代「古文運動」的敘事手法，更鎔鑄了唐代詩歌與辭賦的詞語。我們在第八課選錄了杜光庭的〈虯髯客傳〉為代表。

除了魏晉南北朝時期已有的「志怪」之外，唐代「傳奇」的題材擴大許多，包括愛情、豪俠、佛道寓言、歷史批判等等。唐代「傳奇」的許多故事都被後來的白話文學「話本」與戲曲加以改編，可證其影響深遠。

六、話本

宋代都市繁榮、社會富庶，人們的娛樂也漸多元，而使用通俗字句講述的「說話」（說書）則為最熱門的娛樂之一，深受一般人喜愛。說話人（說書人）說書的底本就是「話本」。

宋代「話本」的結構與特色，可分為下列四點：

（一）以詩詞開頭、結尾。

（二）開頭的定場詩之後，在正文主要故事之前，常插入一段「入話」，內容為與主要故事相關的支線或是其他閒話，目的是為了在聽眾集結入場時，不讓先到的聽眾枯燥無聊。

（三）說話人（說書人）可隨時打斷故事，加入一段議論。

（四）說話人（說書人）為了吸引聽眾下次再來，因而常在故事最精彩或緊要關頭處暫停，留待下回再說。

結語

以上簡要概述了唐宋文學重要的發展變化，我們希望能讓大家理解這些紛雜的「現象」，背後展現的運作邏輯與創作者的共同思路。本單元著重處理「典範」與「創新」兩個概念，讓我們理解到「傳統經典」的典範地位，往往由後世所奠定，而每個時代的創作者在思考如何突破過往的典範，另覓新路時，也正在寫下新的文學史篇章。

第八課　虯髯客傳

題解

〈虯髯客傳〉雖以「傳記」為名，但後世多半視其為傳奇小說。故事描述唐朝初年的軍事家李靖，在未發跡前即已受紅拂女賞識，並結識江湖異人虯髯客。虯髯客本有逐鹿中原之心，但遇見後來成為唐太宗的李世民後心服口服，便將身家讓渡給李靖，李靖則以這筆資金協助李世民平定天下。

本文角色鮮明，能以極短篇幅將人物的性格、風采展露無遺。其中，李世民雖僅是配角，作者卻透過其餘角色將他襯托得極其崇高。故事發生在隋朝末年，那時李世民還不是皇帝，本文卻以「太宗」、「文皇」等方式稱呼李世民，以示尊敬，這份謹慎的用語已初步揭露本文的政治考量。文章最後以「人臣之謬思亂者，乃螳臂之拒走輪耳」結尾，暗示妄圖篡位的逆徒缺乏正當性，可視為文學為政治服務的範例。

作者

關於〈虯髯客傳〉之作者身分，至今學界尚未有定論。現存最早的虯髯客故事，見於宋代《太平廣記》所載之〈虯髯客〉，但未註明作者；其後，明代《顧氏文房小說》所收錄的〈虯髯客傳〉，署名作者為杜光庭，後世多從此說。

杜光庭是唐代道士，久試不第，轉而求道於天台山，著有《神仙感遇傳》。《神仙感遇傳》裡就有〈虯鬚客〉這篇傳記，情節與〈虯髯客〉相同，只是較為精簡。後世將他視為〈虯髯客〉作者，或許便是混淆這兩篇不同的文章所致。

事實上，很可能在《太平廣記》與《神仙感遇傳》前已有一版本，因此《太平廣記》與《神仙感遇傳》都只是傳抄或改寫，不能驟以為杜光庭即原作者。除杜光庭外，學界尚有人主張作者為唐代文人張說，又或是《傳奇》作者裴鉶，皆缺乏關鍵證據。

隋煬帝[1]之幸[2]江都[3]也，命司空[4]楊素[5]守西京[6]。素驕貴，又以時亂，天下之權重望崇者莫我若[7]也。奢貴自奉[8]，禮異人臣[9]。每公卿入言，賓客上謁[10]，未嘗不踞牀[11]而見，令美人捧[12]出，侍婢羅列，頗僭[13]於上。末年益甚。

一日，衛公李靖[14]以布衣來謁，獻奇策，素亦踞見之。靖前揖[15]曰：「天下方亂，英雄競起，公為帝室重臣，須以收羅豪傑為心，不宜踞見賓客。」素斂容[16]而起，與語大悅，收其策而退。[a]靖之騁辯[17]也，一妓[18]有殊色，執紅拂[19]立於前，獨目[20]靖。靖既去，而執拂妓臨軒，指吏問[21]曰：「去者處士[22]第幾[23]？住何處？」吏具以對，妓頷[24]而去。[b]

提問

a 布衣李靖有求於楊素，卻當面指責其不是。自認「天下之權重望崇者莫我若也」的楊素，為何沒有表現出絲毫的慍色，態度反而轉為客氣？

b 請從「獨目靖」、「臨軒，指吏問」、「妓頷而去」（另有版本為「妓誦而去」）揣想紅拂女的心情和想法。

靖歸逆旅[25]，其夜五更初，忽聞叩門而聲低者，靖起問焉。乃紫衣戴帽人，杖揭[26]一囊。[c]靖問：「誰？」曰：「妾乃楊家之紅拂妓也。」靖遽延入。[27]脫衣去帽，乃十八九佳麗人也。素面華衣[28]而拜，靖驚答拜。曰：「妾侍楊司空久，閱天下之人多矣，未有如公者。絲蘿非獨生，願託喬木[29]，故來奔[30]耳。」靖曰：「楊司空權重京師，如何？」曰：「彼屍居餘氣[31]，不足畏也。諸妓知其無成，去者眾矣[32]，彼亦不甚逐也。計之詳矣，幸[33]無疑焉！」問其姓，曰：「張。」問伯仲之次[34]，曰：「最長。」觀其肌膚儀狀，言詞氣性[35]，真天人[35]也。靖不自意[36]獲之，益喜懼，瞬息萬慮不安，

c 請從「杖揭一囊」推測紅拂女心中的打算為何？

而窺戶者足無停屨[37]。既數日，聞追訪之聲，意亦非峻[38]，乃雄服[39]乘馬，排闥[40]而去。將歸太原[41]。[e]

行次[42]靈石[43]旅舍，既設牀，爐中烹肉且[44]熟；張氏以髮長委[45]地，立梳牀前。靖方刷馬，忽有一人，中形，赤髯而虯[46]，乘蹇驢[47]而來，投革囊於爐前，取枕欹臥[48]，看張氏梳頭。靖怒甚。未決，猶刷馬。張氏熟觀[49]其面，一手握髮，一手映身搖示[50]，令勿怒。急急梳頭畢，斂衽[51]前問其姓。臥客曰：「姓張。」對曰：「妾亦姓張，合[52]是妹。」遽拜之，問第幾，曰：「第三。」問妹第幾，曰：「最長。」遂喜曰：「今日多幸，遇一妹。」張氏遙呼曰：「李郎且來拜三兄。」靖

d 作者在紅拂女深夜投靠李靖這段敘述，分別塑造出李靖和紅拂女什麼樣的性格？你從哪些對話和動作中看出來的？

e 你認為李靖被紅拂女說服的主要原因可能是什麼？

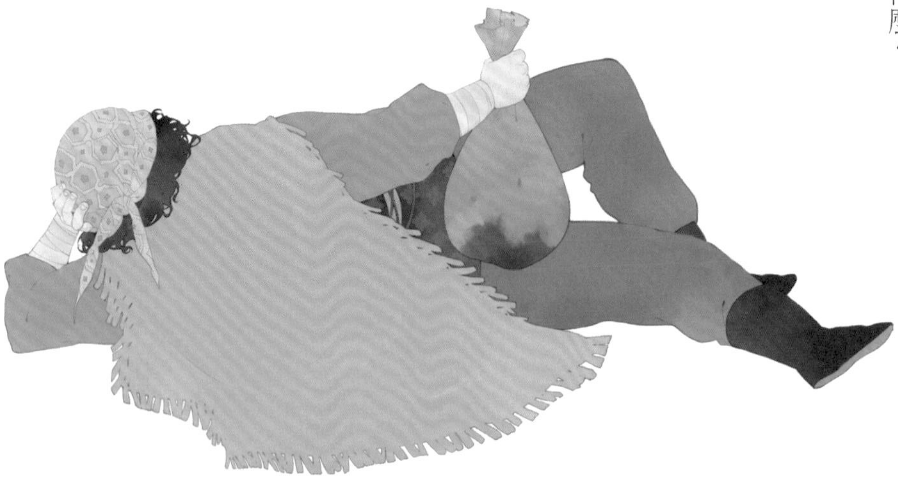

驟拜，遂環坐，[f]曰：「煮者何肉？」曰：「羊肉，計已熟矣。」客曰：「飢甚。」靖出市買胡[53]餅[54]。客抽匕首，切肉共食。食竟，餘肉亂切送驢前食[55]之。甚速。客曰：「觀李郎之行，貧士也，何以致[56]斯異人？」曰：「靖雖貧，亦有心者焉。他人見問[57]，固不言。兄之問，則無隱矣。」具言其由。曰：「然則何之[58]？」曰：「將避地太原耳。」客曰：「然，吾故非君所能致也。」[g]曰：「有酒乎？」靖曰：「主人西[59]則酒肆也。」靖取酒一斗[60]。酒既巡[61]，客曰：「吾有少下酒物，李郎能同之乎？」靖曰：「不敢[62]。」於是開革囊，取出一人頭并心肝。卻收[63]頭囊中，以匕首切心肝

f 以電影鏡頭來論，這一段可以分為幾個鏡頭？情節的衝突是什麼？導致衝突的原因是什麼？最後怎麼解決？誰掌控了整個局面？如何掌控？

g 李靖掏心掏肺告訴虯髯客不為人知的心志後，虯髯客仍說：「然，吾故謂非君所能致也。」虯髯客這麼說的理由可能為何？

共食之。曰：「此人乃天下負心者心也，銜之[64]十年，今始獲，吾憾釋矣。」又曰：「觀李郎儀形器宇[65]，真丈夫，亦知太原之異人乎？」曰：「嘗見一人，愚謂之真人[66]。其餘將相而已。」「其人何姓？」曰：「同姓。」曰：「年幾？」曰：「僅二十。」曰：「今何為？」曰：「州將[67]之愛子也。」曰：「似矣，亦須見之。李郎能致吾一見否？」曰：「靖之友劉文靜[68]者與之狎[69]，因文靜而見之可也。兄欲何為？」曰：「望氣者[70]言太原有奇氣，使吾訪之。李郎明發，何日到太原？」靖計之：「某日當到。」曰：「達之明日方曙，候我於汾陽橋[71]。」言訖，乘驢而其行若飛，回顧[72]

虯髯客在這裡稱讚李靖「真丈夫」，與他之前對李靖的評價有沒有矛盾？為何他的態度如此轉變？有人說，虯髯客在這一段給了李靖很多「測驗」，你能判斷這些「測驗」在哪裡嗎？

酒

已遠。靖與張氏且驚懼。久之曰：「烈士[73]不欺人，固無畏。」速鞭而行。

及期，入太原，候之，相見大喜，偕詣劉氏，詐謂文靜曰：「有善相者思見郎君[74]，請迎之。」文靜素奇其人，方議論匡輔[75]，一旦聞客有知人者，其心可知，遽致酒延焉。既而太宗至，不衫不履[76]，裼裘[77]而來，神氣揚揚，貌與常異。虬髯默居坐末，見之心死。[i]飲數巡，起招靖曰：「真天子也。」靖以告劉，劉益喜自負[78]。既出，虬髯曰：「吾見之，十八九定矣。亦須道兄[79]見之。李郎宜與一妹復入京，某日午時，訪我於馬行[80]東酒樓下，下有此驢及一瘦騾，即我與道

[i] 作者只用「見之心死」四個字描寫虬髯客見太宗（李世民）的反應，請對比前文虬髯客跟李靖相處時的態度。兩者的差異，傳達了什麼？

兄俱在其所也。」

公到，即見二乘[81]。攬衣登樓，即虯髯與一道士方對飲。見靖驚喜，召坐，環飲十數巡。曰：「樓下櫃中有錢十萬，擇一深隱處，駐[82]一妹。畢，某日，復會我於汾陽橋。」

如期至，道士與虯髯已先坐矣。共謁文靜，時方弈棊[83]，起揖而語，少焉，文靜飛書迎文皇[84]看棊。道士對弈，虯髯與靖旁立為侍者。俄而文皇來，長揖而坐，神氣清朗[85]，滿坐風生[86]，顧盼煒如[87]也。[j] 道士一見慘然[88]，下棊子曰：「此局[89]全輸矣！輸矣！於此失卻局[90]，奇哉！救無路矣，復奚言[91]！」[k] 罷弈請去[92]。既出，謂虯髯曰：「此世

j 文皇（李世民）兩次出現的形象有何差別？這樣的形象和「奇氣」有什麼關聯？

k 道士這一段話意有所指，他真正的意思是什麼？虯髯客和道士用什麼方式斷定李世民才是能平定天下的人？

界非公世界也，他方可圖。勉之，勿以為念！」因共入京。虯髯曰：「計李郎之程，某日方到。到之明日，可與一妹同詣某坊曲小宅[93]。媿[94]李郎往復相從，一妹懸然如磬[95]，欲令新婦[96]祗謁[97]，略議從容，無令前卻[98]也。」言畢，吁嗟而去。

靖亦策馬遄征[99]，俄即到京，與張氏同往，乃一小板門，扣之。有應者拜曰：「三郎令候一娘子、李郎久矣。」延入重門，門益壯麗。奴婢三十餘人羅列於前。奴二十人引靖入東廳，非人間之物。巾粧梳櫛[100]畢，請更衣，衣又珍奇。既畢，傳云三郎來，乃虯髯者，紗帽裼裘，有龍虎之姿[101]，相見歡然，催其妻出拜，蓋天人也。

遂延中堂，陳設盤筵之盛，雖王公家不侔[102]也。

四人對坐，牢饌[103]畢，陳女樂[104]二十人，列奏其前，似從天降，非人間之曲度。食畢行酒[105]。而家人[106]自西堂舁[107]出二十牀[108]，各以錦繡帕覆之。既呈，盡去其帕，乃文簿鑰匙[109]耳。虯髯謂曰：「盡是珍寶貨泉[110]之數，吾之所有，悉以充贈。何者？某本欲於此世界求事[111]，當或龍戰[112]三二十載，建少功業。今既有主，住亦何為？太原李氏真英主也，三五年內，即當太平。李郎以英特之才，輔清平之主，竭心盡善，必極人臣。一妹以天人之姿，蘊不世[113]之藝，從夫之貴，榮極軒裳[114]。非一妹不能識李郎，非李郎不能遇一妹。

聖賢起陸之漸，際會如期[115]，虎嘯風生，龍騰雲萃[116]，固當然也。將[117]余之贈，以奉真主，贊[118]功業。勉之哉！此後十餘年。東南數千里外有異事，是吾得志之秋[119]也。妹與李郎可瀝酒[120]相賀。」顧謂左右曰：「李郎一妹，是汝主也。」言畢，與其妻戎裝乘馬，一奴乘馬從後，數步不見。 l

靖據其宅，遂為豪家，得以助文皇締構之資[121]，遂匡[122]大業。 m

貞觀[123]中，靖位至僕射[124]，適東南蠻入奏曰：「有海賊以千艘，積甲[125]十萬人。入扶餘國[126]，殺其主自立，國內已定。」靖知虯髯成功也，歸告張氏，具禮相賀，瀝酒東南祝拜之。乃知真人之

l 你認為虯髯客把所有的財產送給李靖，是為了李靖、李世民還是紅拂女？你的理由是什麼？

m 依照故事中虯髯客和李世民的條件，虯髯客若與李世民爭天下，你認為孰勝孰敗？你的理由為何？作者的看法是什麼？

興，非英雄所冀[127]，況非英雄乎？人臣之謬思亂，乃螳螂之拒走輪[128]耳。n

或曰：「衛公之兵法，半是虯髯所傳也。」

n

你認為這篇小說的預設讀者是誰？作者如何透過人物情節的安排導出「天子是天命所授」的結論？你認為他的說法成立嗎？為什麼？

注釋

1 隋煬帝：姓楊名廣（西元五九六年—西元六一八年），隋文帝次子，隋朝第二代皇帝（西元六〇四年—西元六一八年）。

2 幸：皇帝親臨。

3 江都：隋郡名，也稱揚州，今中國江蘇省揚州市。

4 司空：官名，隋時與司馬、司徒並稱三公，為最高榮譽頭銜。

5 楊素：字處道（西元五四四年—西元六〇六年），華陰人，曾助隋文帝奪得政權，後助隋煬帝奪得帝位，官至司徒。隋煬帝時司空為楊雄（西元五四二年—西元六一二年）（任期西元五八九年—西元六〇五年）。

6 西京：大興城（今中國陝西省西安市），是當時首都。東京為洛陽城。

7 莫我若：即「莫若我」。比不上我。

8 自奉：對自己日常需求的供養。

9 禮異人臣：儀制與臣子的身分不合。

10 謁：晉見。「謁」音「ㄧㄝˋ」。

11 踞牀：箕踞坐於牀上，是一種輕慢無禮的坐姿。「踞」音「ㄐㄩˋ」，伸開兩腿彎膝而坐。「牀」為四角有支足的家具，可用手抬著走，和一般的臥床不同。

12 捧：抬。

13 僭：行事逾越分際。「僭」音「ㄐㄧㄢˋ」。

14 李靖：字藥師（西元五七一年—西元六四九年），三原（今中國陝西省鎮巴縣）人。擅長兵法，曾仕隋。歸唐後，屢立戰功，為唐代開國功臣之一，封衛國公。

15 前揖：走向前去拱手行禮。

16 斂容：端正容貌，表示肅敬。

17 騁辯：滔滔不絕的議論。「騁」即「奔放、恣縱」。

18 妓：當時富貴人家蓄養的歌舞妓。

19 拂：拂塵，用來拂拭灰塵或驅趕蚊蠅的器具。

20 目：在此為動詞，注視。

21 臨軒，指吏問：在窗口手指著李靖，詢問掌管門戶的差役。「軒」即「窗」。

22 處士：有才學而未當官的人。

23 第幾：兄弟輩中排行第幾。排行之風起於東漢，唐代最為盛行，初識必問，以便稱呼。下文紅拂、虬髯也以此種方式互稱。

24 頷：點頭，表示領會。另有版本為誦，記誦。「頷」音「ㄏㄢˋ」。

25 逆旅：接待旅客的地方，即旅舍。「逆」即「迎接」。

26 揭：肩負。

27 遽延入：急忙迎接紅拂女進門。「遽」即「急忙」，音「ㄐㄩˋ」。「延」即「引進，邀請」。

28 素面華衣：不施脂粉，衣著華麗。

29 絲蘿非獨生，願託喬木：菟絲、女蘿無法獨自生存，希望能託附高大的樹木，比喻女子嫁人，得所依託。紅拂女在此表達願意依託終身。

30 奔：私奔，古時結合未依禮曰「奔」。

31 屍居餘氣：雖然活著但僅比死人多一口氣，猶言如行屍走肉。

32 逐：追趕，此指追查、追究。

33 幸：希望。

34 伯仲之次：兄弟姊妹間排行的次序。

35 天人：仙人。此指紅拂女儀容出眾。

36 不自意：自己沒有料想到，出乎意料之外。

37 窺戶者足無停屨：不停走動向門外窺探，形容李靖怕人來追，心情緊張不安的樣子。一本作「窺戶者足無屨」。「屨」即「鞋子」，此指腳步，音「ㄐㄩˋ」。

38 峻：嚴厲。

39 雄服：改扮成男裝。

40 排闥：推門。「闥」即「門」，音「ㄊㄚˋ」。

41 太原：隋郡名，在今中國山西省太原市。

42 次：住宿。

43 靈石：隋縣名，今中國山西省靈石縣。

44 且：即將。

45 委：垂、垂下。

46 赤髯而虯：紅色的鬍子蜷曲。「髯」即「兩腮上的鬍子」，泛指鬍子，音「ㄖㄢˊ」。「虯」同「虬」，蜷曲，音「ㄑㄧㄡˊ」。

47 蹇驢：跛腳的驢。「蹇」即「跛」，行走困難，音「ㄐㄧㄢˇ」。

48 欹臥：側躺。「欹」意為「斜」，音「ㄑㄧ」。

49 熟觀：仔細端詳。

50 一手映身搖示：一手藏在身後擺動向李靖示意。「映」即「隱蔽」。

51 斂衽：整理衣襟，表示恭敬。古代女子行禮稱斂衽。「衽」即「衣襟」，音「ㄖㄣˋ」。

52 合：應該。

53 市買：買，交易。

54 胡餅：上撒胡麻的燒餅。因來自胡地，故稱為「胡餅」。

55 食：拿食物給人或牲畜吃，「食」通「飼」，音「ㄙˋ」。

56 致：得到。

57 他人見問：別人問我。「見」為代詞性助詞，在動詞前成為動作的施受者，這裡指代「我」。

58 之：往。

59 主人：旅舍主人，在此借指旅舍。

60 㪷：「斗」的異體字，古代容積單位。

61 巡：主人依次向客人勸酒一輪為一巡。

62 不敢：謙詞，意即「不敢當」。

63 卻收：收回去。「卻」即「退」。

64 銜：懷著，指懷恨在心。

65 儀形器宇：儀表氣度。

66 真人：真命天子。

67 州將：指李世民的父親李淵。時李淵任太原留守，故稱。

68 劉文靜：字肇仁（西元五六八年—西元六一九年），武功（今中國陝西省武功縣）人，隋末為晉陽縣令，後起兵反隋，為唐朝開國功臣。

69 狎：親近。「狎」音「ㄒㄧㄚˊ」。

70 望氣者：古代行占候之術的方士。望氣，觀察雲氣以預測人事吉凶。

71 汾陽橋：橋名。在太原城東汾水上。「汾」音「ㄈㄣˊ」。

72 回顧：轉頭之間。形容時間短暫。

73 烈士：有節氣有壯志的人。

74 郎君：貴族子弟之泛稱，此指李世民。

75 匡輔：匡正輔助。

76 不衫不屨：未著正式服裝，只穿便服便鞋，寫李世民之灑脫、不拘小節。

77 裼裘：只穿裼衣和皮衣，不穿正服。「裼」音「ㄒㄧˊ」。古代士族的正式服裝，自內而外依序為：澤衣（內衣）、裘（皮衣）、裼衣（中衣）、正服。

78 自負：自以為了不起。

79 道兄：對同道長者的尊稱，即下文的道士。

80 馬行：西京街道名。

81 乘：騎坐的牲口。「乘」音「ㄕㄥˋ」。

82 駐：停留在一個地方，此指安頓。

83 文皇：指唐太宗李世民，太宗謚文，此文作於太宗死後，故稱。

84 棊：通「棋」。

85 神氣清朗：神態清爽開朗。

86 滿坐風生：形容李世民言談出色，吸引在座所有人。風生，形容氣氛活絡。

87 顧盼煒如：眼神炯炯有神。「煒」即「光亮的樣子」，音「ㄨㄟˇ」。

88 慘然：憂戚哀傷的樣子。

89 局：棋局，同時暗指天下的局勢，是雙關語。

90 失卻：失去、失掉。

91 復奚言：還有什麼好說的呢！

92 請去：求去、告辭。

93 坊曲：泛指街巷。

94 媿：「愧」的異體字，此為愧疚之意。音「ㄎㄨㄟˋ」。

95 懸然如磬：如孤懸的石磬，比喻孤單。「磬」是古代用玉石或金屬製成的打擊樂器。形狀像曲尺，可懸掛在架上。

96 新婦：虬髯客自稱其妻。

97 祗謁：恭敬地拜見。「祗」即「恭敬」，音「ㄓ」。

98 無令前卻：不要先推辭。「卻」即「推辭」。

99 遄征：疾走，迅速趕路。「遄」即「快速」，音「ㄔㄨㄢˊ」。「征」即「遠行」。

100 巾妝梳櫛：洗臉、打扮、梳頭。巾，面巾。

「櫛」即「梳子」，音「ㄐㄧㄝˊ」。巾、櫛，皆當動詞用。

101 龍虎之姿：形容儀態威嚴，有帝王之相。

102 不侔：不能相比。「侔」即「相等」，音「ㄇㄡˊ」。

103 牢饌：酒肉食物。牢，古代祭祀或饗宴時用的牲畜。「饌」泛指酒食菜肴，音「ㄓㄨㄢˋ」。

104 女樂：歌妓。

105 行酒：為客人斟酒、勸飲。

106 家人：僕人。

107 舁：扛抬，音「ㄩˊ」。

108 牀：放置器物的架子。

109 文簿：指登錄財物的簿冊。

110 泉：錢幣。古以貝殼為貨幣。「泉」為錢的古稱，取錢幣流通如泉水之意。

111 求事：謀求天下大事，即建立帝業。

112 龍戰：群雄爭奪天下，爭戰激烈。

113 不世：非一世所能有。指罕見、非凡。

114 榮極軒裳：享盡榮華富貴。軒裳，古代卿大夫以上的車服，借指貴顯。

115 聖賢起陸之漸，際會如期：聖君乘時興起，開創基業之初，與賢臣的遇合有如預先約定。「聖賢」指聖君及賢臣。「起陸」意為「從平地騰躍而起」，比喻乘時興起。「漸」即「事情的開始」。「際會」即「遇合」。「如期」即「如同預先約定」。

116 虎嘯風生，龍騰雲萃：虎一咆哮就生風，龍一升空就聚雲，意謂聖君乘時而開創基業之初，就有賢臣聚集相輔佐。虎、龍比喻聖君；風、雲比喻賢臣。「萃」即「聚集」，音「ㄘㄨㄟˋ」。

117 將：持。

118 贊：輔佐。

119 秋：時候。

120 瀝酒：灑酒於地，表示祝禱。

121 締構之資：創建帝業的費用。

122 匡：正，指平定天下。

123 貞觀：唐太宗年號（西元六二七年—西元六四九年）。

124 僕射：唐代宰相的職稱。

125 積甲：聚集披甲的戰士。「積」即「聚集」。

「甲」即「戰甲」，此指披甲的戰士。

126 扶餘國：古國名，地在中國東北。此處說在東南數千里，是出於虛構。

127 冀：冀望，引申為覬覦。音「ㄐㄧˋ」。

128 螳蜋之拒走輪：螳螂以臂抵擋疾馳的車子，比喻不自量力。「蜋」是「螂」的本字，音「ㄌㄤˊ」。「走」即「疾馳」。「輪」即「車輪」，借指車子。

問題與討論

1 你認為這篇小說「真正的」主角是誰？請依照重要性為小說中的角色排序，並說明你這樣排序的理由。

2 請指出虯髯客在形貌、行徑與家世各方面的奇特之處，並推測作者設定這些奇特之處是為了營造出什麼效果？

3 請參閱本課描述李世民的段落，與第二冊〈鴻門宴〉中提到的「天子氣」比較。你認為這樣的觀念和民主制度最大的差別是什麼？對統治者和被統治者造成的影響分別是什麼？

4 「老二哲學」的意思是人不要凡事爭第一，否則容易招嫉，成為攻擊的目標；只要位居第二，就能明哲保身。如果有人說這篇小說在宣揚「老二哲學」，你同意他的說法嗎？理由為何？你認為文中的「老二」指的是那一個角色？

寫作練習：製造衝突

我們常常會說一部作品「充滿戲劇性」，不管是在文學、影視、動漫或是遊戲當中，都有符合此一評價的作品。而所謂「戲劇性」，追根究柢就是「衝突」：當至少兩名角色，因為某個原因而產生衝突時，讀者便能從劍拔弩張的氣氛、以及角色後續的互動中感受到戲劇性。製造衝突的方式有很多，最常見的一種便是「讓兩名以上的角色競爭同一個目標」。在本課中，虬髯客第一次出場就注視著紅拂女而引起了李靖的妒意，就是典型的衝突情節。

請從你的經驗中，挑出一段回憶，符合「讓兩名以上的角色競爭同一個目標」的衝突狀態。請描述這段回憶中的角色互動，並明確表達出他們之所以衝突的原因、衝突當下的狀態。文長不超過兩百五十字。

延伸閱讀

文字

1 高陽，《風塵三俠》，華夏出版，二〇〇八。

2 東忱、張宏生譯注，《新譯唐傳奇選》（二版），三民，二〇〇八。

3 江曉原著，侯瑞寧繪，《想像唐朝：唐人小說》，網路與書出版，二〇一〇。

4 塞凡提斯著，楊絳譯，《堂吉訶德》，聯經，二〇一六。

5 提倫斯．韓伯瑞．懷特著，譚光磊、簡怡君譯，《永恆之王：亞瑟王傳奇》，木馬文化，二〇一七。

6 司馬遷著，韓兆琦、王子今譯注，《新譯史記．淮陰侯列傳》，三民，二〇一八。

影視

1 李安導演，《臥虎藏龍》，二〇〇〇年上映。

2 侯孝賢導演，《刺客聶隱娘》，二〇一五年上映。

3 蓋．瑞奇導演，《亞瑟：王者之劍》（King Arthur: Legend of the Sword），二〇一七年上映。

第九課　唐宋詩選

題解

本課選錄唐、宋詩作三首。

杜甫的〈登高〉為七言律詩，一般認為是唐大曆二年（西元七六七年），滯留夔州（今中國四川省奉節縣）時所作。此時雖然安史之亂已經結束，然而此時內有藩鎮割據，外有回紇勒索、吐蕃侵擾，唐代國勢就此一去難返；另外，他的知交大半已經過世，身體狀況也日益惡化。然而，在夔州的兩年（西元七六六年—西元七六七年），被認為是他詩歌的豐收期，尤其是律詩，質量兼具。〈登高〉既描寫登高所見的悲壯景象，也抒發晚年生活的流寓困頓，感懷深切。在詩歌技巧方面，第一聯有句中對，使得句意濃密、包含廣大；前二聯以景為主，後二聯以情為主，然而情景交融，過渡自然，充分發揮了七言律詩的優勢，如明代詩歌評論家胡應麟的《詩藪》便盛讚此詩是「古今七言律第一」。

李賀的〈金銅仙人辭漢歌〉據記載是在十六歲時所作。詩前有序，用以說明創作動機。漢帝國與唐帝國有許多類似之處，李賀對漢代也有獨特情感，詩中常寫到漢代的歷史、人物甚至器物，或許也借此抒發對時事的寄託。本詩從「茂陵劉郎秋風客」開始到「三十六宮土花碧」為第一部分，以漢代宮闕的荒蕪帶出漢帝國的興衰；「魏官牽車指千里」到「憶君清淚如鉛水」為第二部分，寫魏明帝派人來拆遷銅人，銅人因不捨而落淚之景；「衰蘭送客咸陽道」到「渭城已遠波聲小」為第三部分，寫銅人一路遠去，連渭水的聲音也漸漸不可聞。本詩屬歌行體，歌行體是樂府的一支，在唐代詩歌中佔據極重要的位置，成就並不下於近體詩。李賀這首詩在歌行體中也很特別，在意象的選擇上尤其創新，遣詞構句亦為人稱道，如「天若有情天亦老」一句，歷代評論者對之評價極高，甚至被譽為千古奇句。

梅堯臣的〈魯山山行〉為五言律詩，作於三十九歲（西元一〇四〇年）。本詩描寫登山行旅之情景，從遊賞之情發端，集中刻劃行旅所見之山勢及物態，並以林間動物之活潑自得襯托山行的靜謐恬淡，藉此傳達人、物兩相自在的意境。此時梅堯臣詩作風格尚未成熟，在選題與立意上仍近似晚唐賈島、姚合之清麗淡遠。然而，本詩已展現梅堯臣亟欲擺脫西崑體之雕潤綺麗的立場，也初露詩句、結構之拗奇及「以文為詩」的嘗試。此外，山行主題本為晉宋以降山水詩之大宗，並為唐詩發揚光大，然以靜觀山水之體悟為書寫重點。本詩則將行旅過程融入景色描寫之中，透過視覺、聽覺虛實交錯之筆法，描繪山林空間與移動路線，詩歌敘事性大為加強，開啟宋代紀行詩歌之新典範。透過本詩，可觀察詩歌典範由唐入宋的演變軌跡。

作者

〈登高〉的作者為杜甫（西元七一二年—西元七七〇年），字子美，唐代河南府鞏縣（今中國河南省鞏義市）人。因其曾任左拾遺、檢校工部員外郎，後世又稱其為杜拾遺、杜工部。他早年的志向是「致君堯舜上，再使風俗淳」（〈奉贈韋丞丈二十二韻〉），然而仕途卻始終不順。安史之亂爆發，他兩度冒著生命危險投奔唐肅宗，仍不被重用。此後，他長期遷徙各地，在蜀地（今中國四川省）寓居較長時間。生命的最後幾年，他漂泊於湖南地區，最終貧病交加而逝。晚年他曾感慨「名豈文章著」（〈旅夜書懷〉），最終讓他備受關注的，仍是「詩人」之名。他以詩歌真切的紀錄安史之亂後的民生動盪，因此被後世稱為「詩史」。他的傑出詩歌往往能結合個人的流亡感懷與對國家局勢的憂心，並以精鍊的字句與轉折、對比劇烈的章法來表現，後世常以「沉鬱頓挫」概括這種風格，並作為杜甫詩的標籤。然而，他的詩歌也有輕鬆寫意、閒適自然的一面，風格十分多元。他幾乎各種古典詩歌的體裁都能成熟運用，既是魏晉南北朝詩歌至唐代詩歌發展的集大成者，也開創了宋代以降詩歌主題與技法的許多可能性。

〈金銅仙人辭漢歌〉的作者為李賀（西元七九〇年—西元八一六年），字長吉，河南福昌（今中國河南宜陽縣）人。李賀出生於安史之亂後，當時帝國正苦於種種內憂外患，中央政權與地方藩鎮間仍有許多矛盾與衝突。此時的唐帝國雖然動蕩不安，但也存在著許多改變的契機，有志者嘗試改革，解決前朝遺留下來的問題。李賀是唐王室後裔，家道雖已中落，幼年時仍有良好的教育。他是早慧的詩人，早有盛名，但仕途並不順遂。李賀先是遭人進讒言，被禁止參加科舉，後來輾轉得了個小官奉禮郎，卻因受冷落再度辭官。此後李賀返鄉，又南北遊歷找尋出路，也曾到過藩鎮幕府求職，卻始終不受重視。李賀本就體弱多病，經濟亦拮据，加上一生鬱鬱不得志，二十七歲便過世了。李賀詩風格十分特出，後人將其與李白之「仙才」對比，譽為「鬼才」，此「鬼」字多少能標誌出李賀詩風的特殊性。他與中唐以來幾位重要的詩人（如韓愈、賈島等）一樣，大量使用奇險冷僻的詞語，嘗試開創前人未有之詩風，而其詩作中常有陰森冷豔的元素，更有別於盛唐與中唐諸大家，在文學史上有獨特地位。

〈魯山山行〉的作者為梅堯臣（西元一〇〇二年—西元一〇六〇年），字聖俞，宣州宣城（今中國安徽省宣城市）人，為北宋著名詩人。北宋初期，詩歌創作延續晚唐、五代遺風，尤以風格綺豔、精於雕琢字句的「西崑體」蔚為主流。梅堯臣反對摹擬因襲，並提出「平淡」作為詩歌美學典範，在形式上力求「意新語工」，在內容上則要反映現實、吟詠性情。梅堯臣雖屢試不第，位居下僚，惟以詩歌名世，並與歐陽脩、蘇舜欽等人合力推動北宋詩文革新。歐陽脩盛讚其詩「初如食橄欖，其味久愈在」，指出梅堯臣詩作雖生澀、怪巧，卻餘味回甘。梅堯臣首開宋詩風氣之先，詩歌創作仍不免帶有唐代詩歌的影響，且部分實驗之作藝術性不夠成熟，呈現出開創期的一般特徵。但梅堯臣一出，西崑體的聲勢便大為衰退，為宋詩的發展奠定基本方向。其後，王安石、蘇軾等著名詩人皆延續梅堯臣立下的基礎，開創宋詩的高峰，故南宋詩人劉克莊稱其為宋詩的「開山祖師」。

BOX 1 近體詩格律概說

「近體詩」，又名「格律詩」、「今體詩」。所謂「近」與「今」，是以此一體裁發展成熟的唐代為基準點。當近體詩格律規範確立後，便稱相對不合乎格律規範的詩歌體裁為「古體詩」。「近體詩」大致上可以分成絕句、律詩、排律三種，句數、字數、平仄、押韻都有一定的規定。近體詩的格律規範創造出不同於古體詩的風格，以絕句與律詩為例，絕句只有四句，並不要求對仗，因而傾向以簡易字詞傳達含蓄的情韻或清新的趣味；律詩有八句，要求三、四句與五、六句必定對仗，格律更為謹嚴，因而傾向精鍊字詞或使用典故來擴大內涵的深度與廣度，結構章法也講究對比中又彼此呼應。

一、杜甫〈登高〉[1]

風急天高猿嘯哀[2]，渚[3]清沙白鳥飛回[4]。
無邊落木[5]蕭蕭[6]下，不盡長江滾滾來。[a][b]
萬里悲秋常作客[7]，百年[8]多病獨登臺。[c]
艱難苦恨[9]繁霜鬢[10]，潦倒[11]新停濁酒杯[12]。[d][e][f]

提問

a 請列舉這首詩的第一、二句與第三、四句分別寫到哪些自然物象？如果我們把作者的視線概括成「往上仰視」與「往下俯瞰」，這四句中，哪幾句屬於「往上仰視」？哪幾句屬於「往下俯瞰」？如果我們把景象類型分為「山」與「水」兩種類型，這四句中，哪幾句比較接近寫「山」？哪幾句比較接近寫「水」？

b 三、四句分別用「下」與「來」這兩個動詞。如果我們替換一些意近的字，例如把「下」換成「墜」、「掉」等字，把「來」換成「流」、「去」等字，你覺得會有什麼差別？比較不同的用字後，你能不能具體分析「下」與「來」在意涵與聲響上能造成什麼藝術效果？

c 五、六句中，哪些字詞是彼此對應的？意涵有哪些互相對立或補充的地方？我們在第二冊第十課曾經選過庾信的〈擬詠懷之十一〉，當中也使用了許多對仗修辭，例如「天亡遭憤戰，日蹙值愁兵」、「楚歌饒恨曲，南風多死聲」等句，你覺得與〈登高〉的第五、六句的對句差別在哪裡？

d

過去評論這首詩的人當中，有人覺得末聯與前面六句風格並不協調，例如清代詩論家沈德潛《唐詩別裁》說：「結句意盡語竭，不必曲為之諱。」如果你認同這樣的批評，請就詩句具體分析為什麼杜甫的處理是不夠好的；如果你不認同這樣的批評，那麼你認為作者為什麼需要如此處理？能夠傳達給讀者什麼樣的感受？

e

這首詩在字詞上並沒有直接透露多少作者個人具體的行跡，若參照題解與作者欄，你會怎麼解釋詩中寫到的自然景象與作者的行動與感受？

f

中國古代的詩歌解讀常常將詩句分成「情」與「景」兩類。整首詩讀下來，你認為哪幾句屬於「景」，哪幾句屬於「情」？屬於「景」的句子與屬於「情」的句子如何互相呼應？

二、李賀〈金銅仙人辭漢歌〉

魏明帝青龍元年[13]八月[14]，詔宮官牽車西取漢孝武捧露盤仙人，欲立致前殿。宮官既拆盤，仙人臨載[15]，乃潸然淚下。唐諸王孫李長吉遂作〈金銅仙人辭漢歌〉。

BOX 2 金銅仙人搬遷史實依據

金銅仙人是中國漢武帝劉徹造來求取長生不老的銅像，《三輔黃圖》引《廟記》云：「神明臺，武帝造，上有承露盤，有銅仙人舒掌捧銅盤玉杯，以承雲表之露，以露和玉屑服之，以求仙道。」其他古書亦有類似記載，大致可確定武帝時確實有此事。李賀序中所言「西取漢孝武捧露盤仙人」這件事，其實不是發生在青龍元年，而是景初元年，景初是魏明帝青龍五年三月後所改的年號。另，除了年號有落差，金銅仙人搬遷一事之史實與詩作內容亦可能有出入。根據《魏略》記載：「徙長安諸鐘簴（音ㄐㄩˋ，掛鐘的立柱）、駱駝、銅人承露盤，盤折銅人重不可致，留於灞壘。」《三國志．魏書．明帝紀》亦有類似記載，稱銅人「重不可致，留於灞城」。

茂陵[16]劉郎[17]秋[g]風客[18]，夜聞馬嘶曉無跡[19]。[h]
畫欄桂樹懸秋香，三十六宮[20]土花[21]碧。
魏官牽車指千里，東關[22]酸風[23]射眸子[24]。
空將[25]漢月出宮門[i]，憶君清淚如鉛水[26]。
衰蘭[27]送客咸陽[28]道，天若有情天亦老。[j]
攜盤獨出[29]月荒涼[k]，渭城[30]已遠波聲小[l]。

g

「茂陵劉郎」指的是漢武帝，但李賀卻用地名和姓氏來稱呼他，你覺得這樣的用詞會產生什麼樣的效果？這與直接寫出「漢武帝」這個身份稱號有何不同？

h

依據常理推測，「夜聞馬嘶曉無跡」一句的主詞至少可能有三：路人甲、漢武帝與金銅仙人。請試著用不同的主詞來解讀這個句子，試著說明各自產生的結果有何不同。又，此處的馬嘶指的是什麼呢？可試著從序文裡面找線索，並試著作出合理的推測。

i

「空將漢月出宮門」意思是金銅仙人能夠帶走的只有漢時的月色，但當時已不是漢代了，為什麼又說是「漢月」呢？如果將「漢月」一詞的時代成分抽掉，改為「空將『明月』出宮門」，讀起來有差別嗎？試著從這個角度去推測作者想造成怎樣的效果或情感連結？

j

「天若有情天亦老」這句話的意思是：「如果天有感情的話天也會老」。言下之意是萬物有情，是以都無法逃過衰老的命運。那麼金銅仙人有感情嗎？他也會老嗎？試著推測作者在詩中安排這個句子的用意與目的。

k

參看BOX2中《魏略》的記載，魏明帝雖然想要將金銅仙人遷走，卻因為銅人太重，最後只能帶走承露盤，將銅人留在霸壘。根據這個資訊，你認為李賀這首詩符合史書的紀錄嗎？你認為對一首詩來說，符不符合史實是重要的嗎？

l

李賀在序文的最末自稱自己是「唐諸王孫」，多少有強調自己貴族身份的用意，這跟他寫漢王朝有關聯嗎？請就整首詩的內容來思考，參照「題解」與「作者」欄所提供的資訊，推測如此自稱的可能原因。

三、梅堯臣〈魯山山行〉

適與野情愜，千山高復低[31]。

好峰隨處改[32]，幽徑[33]獨行迷[34]。[m]

霜落熊升樹，林空鹿飲溪。[n]

人家在何許[35]，[o]雲外一聲雞。[p]

[m] 從首聯讀到頷聯，請你試著想像作者移動的路線。如果這是一部電影，這四句詩句分別會以怎樣的鏡頭呈現？

[n] 「霜落」、「林空」跟「熊升樹」、「鹿飲溪」有無因果關係？提示：你可以試著想想看，這是誰的視角？作者這麼寫是為了想強調什麼？

[o] 既然開頭作者點明了此行緣於「野情」，為什麼又在這裡問了「人家在何許」？你認為此時作者的心情是什麼？

[p] 作者在這裡不用視覺摹寫點出人家的位置，而是選擇了聲音這個元素。你覺得這個寫法有明確指明人家的位置嗎？如果作者把聽到雞聲改成看見炊煙、樵夫，感覺有什麼不同？

注釋

1 登高：農曆九月九日重陽節的習俗之一。古代中國人認為在這一天與親朋登高山、佩茱萸、飲菊花酒，可以達到驅邪、去災、延年益壽等效果。

2 猿嘯哀：指長江三峽中猿猴淒厲而引人悲感的叫聲。《水經注．江水》記載漁人歌曰：「巴東三峽巫峽長，猿鳴三聲淚沾裳。」

3 渚：水中的小洲。音「ㄓㄨˇ」。

4 回：通「迴」，迴旋。

5 落木：即落葉。屈原〈九歌．湘夫人〉：「裊裊兮秋風，洞庭波兮木葉下。」

6 蕭蕭：形容落葉聲。

7 萬里悲秋常作客：萬里作客，意指在異鄉為客，離家鄉非常遙遠。安史之亂後，杜甫經常漂泊各地，因而說「常」。「悲秋」意為「感傷秋氣蕭瑟悲涼」。

8 百年：一生，這裡借指老年。

9 苦恨：極恨。「苦」即「極」。

10 繁霜鬢：增多了如霜般白的鬢髮。「繁」即「增多」，此處為動詞。

11 潦倒：頹廢、失意的樣子。「潦」音「ㄌㄧㄠˊ」。

12 新停濁酒杯：最近開始戒酒。廣德二年（西元七六四年）起，杜甫開始在詩中提到自己得了消渴病，因此必須戒酒。「新停」即「最近停止」。「濁酒」即「未經過濾程序的釀酒」。

13 魏明帝：即曹叡（西元二〇六年—西元二三九年），三國時期曹魏第二任皇帝，魏文帝曹丕長子。

14 青龍元年八月：青龍是魏明帝的年號。根據李賀這篇序文的記載，青龍元年（西元二三三年）魏明帝下令至長安搬遷金銅仙人，然根據史書記載，這件事應發生於魏明帝景初元年（西元二三七年），景初在青龍之後，稱青龍元年，應是李賀之誤。這個錯誤也讓李賀此詩是否根據史實而作存在爭議空間。

15 臨載：準備上車出發。有版本作「臨行」。

16 茂陵：中國西漢朝漢武帝劉徹陵墓，因茂鄉而得名，在今中國陝西省咸陽市區與興平市之間的五陵塬上。

17 劉郎：此指漢武帝劉徹。

18 秋風客：劉徹曾作〈秋風辭〉，李賀應是藉此典故稱劉徹為秋風客。

19 夜聞馬嘶曉無跡：夜裡聽聞馬嘶鳴聲，天亮後卻沒有蹤跡。有人認為這是指漢武帝的陰靈半夜祟動。

20 三十六宮：武帝時西京離宮別館。

21 土花：苔蘚。

22 東關：長安城東門。

23 酸風：刺骨寒風。

24 眸子：眼睛。

25 將：與，伴隨。

26 鉛水：此處比喻晶瑩凝聚的眼淚。

27 衰蘭：此指衰敗的蘭草。「衰」即「衰敗」，音「ㄕㄨㄞ」。

28 咸陽：中國秦帝國之國都，位於今中國陝西省。漢時咸陽已改為渭城縣，此處為李賀刻意使用古地名稱之。

29 攜盤獨出：一解為金銅仙人唯一帶走的只有銅盤；另一解為魏官只帶走銅盤，銅人留置，參看BOX2。

30 渭城：秦時之咸陽，漢時改為渭城，參見前注。

31 適與野情愜，千山高復低：看見山勢起伏的景色，恰好迎合了我喜愛山野的情意。「適」即「恰好」。「野情」指「喜愛山野」之情。「愜」即「滿足」。

32 好峰隨處改：山峰形態隨觀看角度而改變。

33 幽徑：幽深的山路。

34 迷：迷路。

35 何許：何處。

問題與討論

1 請用你所會的能讀出漢字的語言（如國語、臺語、客語等），按照你個人對字詞與表達情緒的理解，試著吟誦本課選錄的三首詩作。讀這三首詩時，你的語氣、節奏有沒有什麼不一樣？你會在哪些詞句加重語氣或放慢節奏？為什麼？

2 本課選錄的三首詩作，都具有頻繁切換視角與畫面的特色。請分析三首詩在哪些地方切換了視角與畫面？三首詩的情況有何不同？

3 中國古代對於作家的評價，往往不只針對作品，還包括作家的道德，例如杜甫之所以被尊崇，有一部份是因為許多人從他的詩中感受到仁民愛物的情懷。你認為道德內涵可以是衡量藝術作品價值高低的標準之一嗎？為什麼？

寫作練習：空景

在文學創作中，有個微妙的秘訣是：有時候作者寫出來的越少，想像空間越大；然而又不能「什麼都沒寫」，這樣讀者的想像力也不會啟動。所以困難之處在於，如何用非常輕淡的筆觸來寫點什麼，讓讀者沒有看到什麼具體的東西，卻又剛好能夠勾起想像。在這種時候，「空景」便是一種常用的解決方案了。所謂的「空景」，指的是突然用一種輕淡的筆調來描寫某個單純的畫面。這個畫面可以是完全靜止的，也可以有一點動態，但盡量要避免太過熱烈。描寫畫面時，也要避免加入作者自己的感想，保持情感上的「空」。這種寫法也常常用在結尾之處，本課李賀的「攏盤獨出月荒涼，渭城已遠波聲小」和梅堯臣的「人家在何許，雲外一聲雞。」都是類似的調度。

請隨意挑選一種情緒，比如悲傷、歡樂、絕望、壓抑……，在簡單描述那種情緒之後，接上一段適合的「空景」。文長不超過兩百五十字。

延伸閱讀

文字

1 楊牧主編，《唐詩選集》，洪範，一九九三。
2 張夢機、顏崑陽，《江南江北：唐詩》，時報出版，二〇〇〇。
3 張大春，〈將軍碑〉出自《四喜憂國》，時報出版，二〇〇二。
4 楊牧，《失去的樂土》，洪範，二〇〇二。
5 葉嘉瑩，《葉嘉瑩說唐詩》套書，網路與書出版，二〇一二。
6 張大春，《大唐李白：少年遊》，新經典文化，二〇一三。
7 琹涵，《慢讀唐詩：悠然人生的55次美好相遇》，木馬文化，二〇一七。
8 賴瑞和，《杜甫的五城：一位唐史學者的尋蹤壯游》，清華大學出版社，二〇一七。
9 歐麗娟，《驚豔唐詩：字行間的人生密碼》，遠流，二〇一七。
10 錢鍾書，《中國古典文學讀本叢書典藏：宋詩選注》，人民文學出版社，二〇一七。

漫畫

1 葉明軒，《大仙術士：李白》，臺灣角川，二〇一三。

第十課　五代宋詞選

題　解

本課選錄李煜〈浪淘沙〉、柳永〈雨霖鈴〉、辛棄疾〈破陣子〉三闋詞，呈現詞在五代、北宋、南宋等時期的多元風貌。

李煜的〈浪淘沙〉是他亡國後期的名作，作於他去世那年，抒寫自己由南唐國君淪為降宋囚徒後，在暮春的清晨夢回舊時歡樂處，醒時面對淒冷現實的失落傷感。本詞為小令，全詞採第一人稱視角，以情景交融的筆法，緊密融合了暮春景象與亡國心境，鮮明呈現李煜的個人身世遭遇與個人抒懷詞風。全詞以「悲」為基調，悲起悲收，唯有中段倒敘回到夢裡如昔的短暫歡情，這又反襯出醒時現實的無盡悲情。全詞中並列了夢與醒、別與見、易與難、天上與人間等多組對比元素，突顯今悲而昔歡的強烈落差感，以及自然與人事盡皆無常的現實。李煜亡國後所寫的許多著名詞句，如「剪不斷，理還亂，是離愁」、「林花謝了春紅，太匆匆」、「自是人生長恨水長東」等，都與〈浪淘沙〉的悲情悲景有明顯的呼應，這些由連年亡國之痛昇華而成的連篇傷懷之詞，開啟了詞這個文類前所未有的廣度與深度。

柳永的〈雨霖鈴〉是行旅離別詞的名作，可能作於他宦途飄泊的中晚年，描述旅人在秋天傍晚即將遠離京城，與心愛的人餞別時的悲傷情境。〈雨霖鈴〉為長調，善用了長篇幅、多轉折的曲調優勢，從容地鋪述時空景物，細緻地描繪動作表情，還拉開視野來析論離別心理，並在寫景、敘事、論理之中皆寄寓離情。層層渲染，將尋常的離別題材拓展到歷來文人小令所達不到的淋漓盡致。〈雨霖鈴〉的感染力也來自「由情生景」和「時空跳躍」的筆法，透過豐富而精準的想像，將抽象的離情衍生為具體的景象，並且運用如電影般視覺性的轉場，流暢的來回跳躍於「離別前的現實」和「對離別後的想像」之間，形成可媲美盛唐詩作的巨大時空感，深深影響了後來的蘇軾等詞作家。

辛棄疾的〈破陣子　為陳同甫賦壯詞以寄之〉是寄給好友陳同甫的豪放詞名作，描述自己青年時帶兵抗金的壯盛場景和強烈的復國願望，又悲歎壯志未酬、人已衰老的現實。陳同甫，名亮，南宋著名思想家、詞作家，他與辛棄疾年紀相近，志趣相投，皆為志不獲騁的主戰派。辛棄疾四十九歲那年，二人曾在鵝湖同住了十日，留下許多贈答詞作，本詞可能為其中一首。〈破陣子〉最大特色是奇特跌宕的結構，前九句一氣連成，最末句單以一句翻轉全局，大幅打破了詞「上片寫景，下片抒情」和漸進推展的傳統結構，精準的突顯劇烈幻滅的失落之感。北宋蘇軾以來豪放詞「以詩、文為詞」的筆法也在〈破陣子〉純熟發揮，散文的流暢敘事、賦的歷史典故、詩的豪壯言志、詞的悲涼抒情，俐落自然地相融為一，貫穿著辛棄疾一生堅持復國的意志。

作者

〈浪淘沙〉作者為李煜（西元九三七年—西元九七八年），字重光，徐州人（今中國江蘇省徐州市），是五代時期南唐的末任帝王，世稱李後主。李煜出身富於文藝氣息的帝王之家，自幼多才多藝，尤其精通音律與填詞，與世稱李中主的父親李璟皆以詞聞名，並稱「南唐二主」。李煜四十歲時南唐亡國，此後被軟禁至四十二歲逝世，度過物質充裕但心靈深受折磨的晚年。他的詞與君王身分和亡國被囚的遭遇密切相關，後人常以亡國前後將他的詞作分期：亡國前期，多寫宮中奢華揮霍、風流浪漫的生活，詞風較為綺麗、柔媚、輕快；亡國後期，多寫囚中痛懷故國、失落無奈的心境，詞風轉為淒涼、哀怨、深沉。李煜的後期作品，使詞開始走出「花間詞」閨中庭園的狹小格局，並發展出個性化的抒懷言志風格。如王國維《人間詞話》云：「詞至李後主，眼界始大，感慨遂深，遂變伶工之詞而為士大夫之詞。」李煜對宋代婉約詞和豪放詞皆有影響，雖為政治史上的亡國之君，卻在文學史上被譽為詞中之聖、詞中之帝。

〈雨霖鈴〉作者為柳永（約西元九八七年—約西元一〇五四年），原名三變，字耆卿，崇安人（今中國福建省武夷山市），是北宋著名的婉約派詞作家。柳永生在都市娛樂文化興盛的北宋，由於大半生屢試不中，便長期沉溺流連於繁華京城的歌樓酒館，許多歌伎和樂工每得新曲調便請他填詞，相傳「凡有井水處，皆能歌柳詞」，其詞在民間極為風行。當時文人的詞作多為短篇幅的小令，講究含蓄、典雅之美；柳永則因擁有出眾的音樂才華和民間生活經驗，能融合各式新曲和民間詞風，善於使用直接敘述的筆法，大量創作出文人少作的慢詞長調。其中在晚年宦遊飄泊期間描寫行旅、離別的作品，雅俗共賞，最受好評。柳永還繼承五代詞的豔情傳統，配合歌妓演唱的需求，創作更世俗化、口語化的豔情詞，生動貼切的描寫市井情愛與娼妓生活。這些豔情詞雖招致士大夫鄙視，卻廣受民間喜愛，在文學史上的影響力更遠及元曲。

〈破陣子〉作者為辛棄疾（西元一一四〇年—西元一二〇七年），

字幼安，號稼軒居士，歷城（今中國山東省濟南市）人，是南宋著名的詞作家。辛棄疾為力主抗金復宋的志士，青年時即加入抗金義勇軍，後來在南宋數任地方官任上積極練兵、準備北伐。然而當時主和派當權，身為主戰派的他屢遭罷職，斷續隱居近二十年，六十八歲含憤而終。辛棄疾兼擅豪放、婉約、田園等詞風，並將詩、詞、散文、辭賦的筆法融入詞中，在多樣化的風格與筆法之中，呈現強烈的個人色彩，恣肆展現他的學識、豪情，以及在理想與現實之間跌宕起伏的一生。

辛棄疾以豪放詞最為知名，多寫濟世復國的壯志豪情、欲飛還斂的悲涼慨歎，和北宋蘇軾並稱「蘇辛」；他的婉約詞量少質精，如名句「眾裏尋他千百度，驀然回首，那人卻在燈火闌珊處」，常藉兒女之情來抒發身世感懷；他在隱居躬耕的多年間，嚮往陶潛、蘇軾的田園閒適情懷，因此自號稼軒居士，留下「大兒鋤豆溪東，中兒正織雞籠。最喜小兒無賴，溪頭臥剝蓮蓬」等自然閒淡的田園詞。辛棄疾的詞被視為南宋詞的高峰，後世稱他為「詞中之龍」。

一、李煜〈浪淘沙〉

簾外雨潺潺[1]，春意闌珊[2]。羅衾不耐五更寒[3]。夢裡不知身是客，一晌[4]貪歡。[a][b]

獨自莫憑欄[5][c]，無限江山，別時容易見時難[d]。流水落花春去也，天上人間。[e]

提問

a 上片描述「夢裡」和「醒時」兩個狀態。李煜在夢裡有哪些感受？醒時有哪些感受？李煜為何會從夢裡醒來？為何會在夢裡和醒時有上述的種種感受？

b 承a，上片中「夢裡」和「醒時」在文字敘述上的次序為何，在真實發生時間的次序又為何？這樣的次序產生了什麼效果？另外，「夢裡」和「醒時」的感受也有所對比，這樣的次序和對比，產生了什麼效果？

c 「莫憑欄」的「莫」有兩種解釋：一種是「不要」，一種是「日暮」。從這兩種解釋來看，李煜夢醒後有沒有出去憑欄遠望？憑欄遠望這個動作通常有何意義？這個動作寫在本詞下片開頭，產生了什麼作用？上述對「莫」字的兩種解釋，你比較喜歡哪一種，為什麼？

d 「別時容易見時難」一句，「別」和「見」的對象可能是什麼？為什麼「別時容易」，「容易」可能是什麼意思？為什麼「見時難」，「難」可能是什麼意思？

e 「天上人間」一句，清代學者俞平伯《讀詞偶得》提出四種不同的讀法。請你在參看這些讀法以前，先試著自己推想「天上人間」可能如何解讀？然後參看以下讀法，你比較喜歡哪幾種，為什麼？第一種是看作疑問口氣：

「春去了！天上？人間？哪裡去了？」第二種是看作嗟嘆口氣：「春去了！天上啊！人間啊！」第三種是看作對比口氣：「春去了！昔日天上，而今人間矣！」第四種是承接呼應前文：「別時容易」就如「流水落花」，「見時難」就如「天上人間」。

二、柳永〈雨霖鈴〉[f]

寒蟬淒切。對長亭[6]晚，驟雨初歇。都門帳飲[7]無緒，留戀處[8]、蘭舟[9]催發。執手相看淚眼，竟無語凝噎[10]。念去去[11]、千里煙波，暮靄[12]沉沉楚天闊[13]。

多情[14]自古傷離別。更那堪、冷落清秋節[15]。今宵酒醒何處？[g]楊柳岸、曉風殘月[h]。此去經年[16]，應是良辰、好景虛設。便縱有、千種風情[17]，更與何人說？[i]

f 請你瀏覽全詞，標示出：哪些句子描寫「離別前」的情境？哪些句子描寫「離別後」的情境？其時間、地點、景物、事件、人物各為何？

g 「描寫外在行為，表達內在心理」是常見的文學筆法。請說明本詞「執手相看淚眼，竟無語凝噎」、「今宵酒醒何處」，字面上寫的是什麼外在行為？實際上表達了什麼內在心理？本詞中還有哪些運用相同筆法的例子？

h 「情景交融」的筆法，是詞的特色之一，清代著名詞評家王國維《人間詞話》甚至說：「一切景語，皆情語也。」請說明本詞「千里煙波，暮靄沉沉楚天闊」、「楊柳岸、曉風殘月」，字面上寫的是什麼景物？實際上表達了什麼情意？本詞中還有哪些情景交融的例子？

i 否定性、疑問性的字詞，常用於表達較為強烈的情意。本詞中有多個「無、虛、那、何」等否定性、疑問性的字詞，請一一找出這些字詞的位置，並分析這些字詞造成了什麼效果？

三、辛棄疾

〈破陣子　為陳同甫賦壯詞以寄之〉

醉裡挑燈[18]看劍，夢回[19]吹角連營[20]。[j]八百里分麾下炙[21]，五十絃[22]翻[23]塞外聲[24]，沙場[25]秋點兵[26]。

馬作的盧[27]飛快，弓如霹靂[28]弦驚[k]。了卻[29]君王天下事[30]，贏得生前身後名[l]。可憐[31]白髮生[m]。

[j] 上片前二句，有二種常見的詮釋：第一種認為這是辛棄疾二十出頭在軍中的夜醉、晨醒，第二種認為這是辛棄疾年近五十在隱居中的夜醉、夜夢。請你選擇其中一種來思考：這裡的「劍」對辛棄疾可能有何意義？他可能用怎樣的眼光和心情在「看」？為何他在「醉裡」做出挑燈看劍的行為？

[k] 上片和下片先後描寫軍隊和戰爭，請找出這些句子，以及其中有哪些視、聽、嗅、味、觸覺的感官描寫？其中運用「八百里、五十絃」代指「牛、樂器」，又運用「的盧、霹靂」比喻「馬奔、弓響」，這些特殊筆法造成怎樣的效果？你認為辛棄疾為何如此描寫軍隊與戰爭？

[l] 請參閱題解與作者欄，再看下片三、四句描寫戰爭之後的功成名就，你認為這兩句寫的是真實發生的、或是夢見的、或是其他？這兩句的內容，對辛棄疾來說可能有何意義？

[m] 本詞題目為「壯詞」，請你分析全詞的情感起伏，是否從頭至尾都維持豪壯高亢？請以每一句為一個情緒點，依序點出情緒的高低，再連成情感起伏的線圖。最後，參閱「題解」與「作者」欄，想想辛棄疾為何在寄給陳同甫的「壯詞」中，如此表達情感？

注釋

1 潺潺：形容雨聲。「潺」音「ㄔㄢˊ」。

2 春意闌珊：春天的景象衰敗凋殘。指春天將盡。「闌珊」指衰落、蕭瑟的樣子。

3 羅衾不耐五更寒：覆蓋絲綢的被子，無法忍受五更的寒意。「羅」即「質地輕軟的絲織品」。「衾」即「被子」，音「ㄑㄧㄣ」。「耐」即「承受」。「五更」指凌晨三點到五點，即天將亮時，「更」音「ㄍㄥ」。

4 一晌：片刻、一段時間。「晌」音「ㄕㄤˇ」。

5 莫憑欄：不要倚著欄杆，此指不要憑欄遠望。「憑」即「倚靠」。另一說：「莫」即「暮」，指黃昏，因莫是「暮」的本字。

6 長亭：古時每五里設置短亭，每十里設置長亭，是給行人休息和送別的驛站。

7 都門帳飲：在京都城門外設帳餞別。

8 處：時候、時刻。

9 蘭舟：即木蘭舟，是對舟的美稱。典出《述異記》記載，名工匠魯班曾刻木蘭樹為舟。

10 凝噎：因悲傷喉頭哽塞，說不出話。「噎」音「ㄧㄝ」。

11 去去：去，離去。重複兩次，表示漸去漸遠。

12 暮靄：傍晚的雲霧。「靄」音「ㄞˇ」。

13 楚天：南方的天空。古時楚國位居中原南方，故稱。

14 多情：多情的人，富有感情、多愁善感的人。

15 清秋節：清冷蕭瑟的秋天時節。

16 經年：經歷年復一年。「經」指經過、經歷。

17 風情：戀人間的情意。另一說，泛指各種風景情趣。

18 挑燈：撥動燈心燭蕊，指點燈或把燈撥亮。「挑」音「ㄊㄧㄠˇ」。

19 夢回：夢醒，或指在夢中回到過往。

20 吹角連營：指整個軍營響著進攻的號角聲。

21 八百里分麾下炙：將牛肉分給部下烤食。

「八百里」指牛。典出《世說新語・汰侈》，晉王愷有一頭珍貴的牛，名叫八百里駮（音「ㄅㄛˊ」）。「麾下」即「部下」。「麾」即「軍旗」，音「ㄏㄨㄟ」。「炙」即「烤肉」。

22 五十弦：本指「瑟」，此處泛指樂器。

23 翻：彈奏。

24 塞外聲：邊疆地區的歌曲，這裡可能泛指悲壯的軍歌。

25 沙場：戰場。

26 點兵：檢閱軍隊。

27 的盧：凶馬，但傳說其速度很快。傅玄〈乘輿馬賦序〉中形容被劉備騎的的盧「逸足電發，追不可逮」。「的盧」音「ㄉㄧˋ ㄌㄨˊ」。

28 霹靂：本指急而響的雷，此處指拉弓的聲響如驚雷。

29 了卻：了結、結束。

30 君王天下事：指抗金復宋的事業。

31 可憐：可悲、可惜。

問題與討論

1 當代音樂心理學著作，蔡振家與陳容姍的《聽情歌，我們聽的其實是……》一書指出，流行抒情歌曲常有幾句人人會唱的「經典歌詞」，原因不外乎「擅長渲染情緒與美感的音樂旋律」和「擅長淺白和具體敘述的歌詞語言」兩方面的配合。姑且不論今已失傳的詞調旋律，本課的三闋詞中，哪一闋詞的歌詞語言最具有流行歌曲「擅長淺白和具體敘述」的特色？這種特色表現在哪些詞句中、又是如何表現？請參閱題解與作者，你認為這闋詞為何具有這種特色？

2 北宋王安石初任宰相時，讀同事晏殊作的豔情小詞，半開玩笑說：「為宰相而作小詞，可乎？」這反映歷史上盛行的一種文學觀念——認為「言志和載道」比「言情」更有價值，因此推崇李煜亡國後期之作、輕視他的亡國前期之作。請以李煜亡國前期的〈玉樓春〉為例：「晚妝初了明肌雪，春殿嬪娥魚貫列。鳳簫吹斷水雲閒，重按霓裳歌遍徹。臨風誰更飄香屑，醉拍闌干情味切。歸時休放燭花紅，待踏馬蹄清夜月。」說明你對上述文學觀念是否認同？為什麼？

3 李煜〈浪淘沙〉、柳永〈雨霖鈴〉、辛棄疾〈破陣子〉皆有對於夢境、想像或回憶等「非現實場景」的描寫。請你分析三位詞家藉這些「非現實場景」的描寫，分別表達何種情意、造成什麼特殊效果？並請你回想自己喜歡的歌曲或故事，其中有哪些「非現實場景」的描寫、帶給你什麼感受？

寫作練習：虛實交錯

文學並不是「把現實抄成文字」，而是「建立在現實之上的想像」。因此，雖然作家活在和我們一樣的現實世界，他們的文字卻常有超脫現實的想像之處。其中一種常見的手法，便是所謂的「虛實交錯」：從某一現實的人、事、物開始描寫，再利用想像力使之「變形」，並且刻意裝作這樣的變形是自然而然的。這三闋詞中，許多詞句會突然轉入夢境、想像或回憶，就是這種手法的展現。

請試著描寫一個「獨自＿＿＿＿的人」，底線內可填入任何動作，比如吃飯、散步、玩手機。在你的描寫中，使用「虛實交錯」的手法，來使這個場景中的人、事、物產生「變形」。文長不超過兩百五十字。

延伸閱讀

文字

1 王國維著、滕咸惠校注，《人間詞話新注》，里仁書局，一九八七。

2 葉嘉瑩，《葉嘉瑩說唐宋詞》套書，大塊文化，二〇一三。

3 李明璁，《樂進未來：臺灣流行音樂的十個關鍵課題》，大塊文化，二〇一五。

4 赫拉巴爾著，楊樂雲譯，《過於喧囂的孤獨》，大塊文化，二〇一六。

5 丹尼爾·列維廷著，林凱雄譯，《為什麼傷心的人要聽慢歌：從情歌、舞曲到藍調，樂音如何牽動你我的行為》，商周出版，二〇一七。

6 葉嘉瑩，〈談詩歌的欣賞與《人間詞話》的三種境界〉出自《迦陵談詞》，三民，二〇一九。

影視

1 劉少雄講授，「東坡詞」臺大開放式課程，二〇一二年公開。

2 馬利克·本德傑魯導演，《尋找甜秘客》（Searching for Sugar Man），二〇一三年上映。

3 曹瑞原導演，《一把青》電視劇，二〇一五年首播。

音樂

1 鄧麗君演唱，《淡淡幽情》，一九八三年發行。

閱讀
超連結

導言
閱讀超連結

歡迎你來到本冊的「閱讀超連結」。在第一冊的「閱讀超連結」中，我們強調用不同「觀點」看世界的重要性；第二冊則談到了文學最重要的功能之一「抒情」。而在這次的「閱讀超連結」，我們要介紹的是文學當中的「知性」功能。談到文學，一般人很容易會想到柔軟的、感性的、風花雪月的呢喃；但事實上，文學作品一直都有悠久的「知性」傳統。在西方的文學分類裡，有所謂的「非虛構寫作」（non-fiction），包含了傳記、報導、論文等類別。許多著作雖然是為了說理、論述而寫的，但同時也擁有一流的寫作技術和跌宕起伏的敘事鋪排。

本冊「閱讀超連結」針對四個單元，各自選了一篇延伸的作品，而這四篇作品同時也都屬於「非虛構寫作」。你在閱讀時，可以一方面思考它們和課文之間的關聯，也可以同時注意它們如何清晰地傳達自己的觀點。

第一篇是莫伊拉．韋格爾〈自創品牌，推銷自己〉，節選自《我們約會好嗎？：從古典情調的牽牽小手到新世代的交友APP，人們如何找到真愛？》。這本書討論美國人的「約會」形式如何演變成現在的樣貌。它提醒我們，「愛情」看似是一個發乎天性的舉動，實際上卻很可能是社會建構的產物，人的「天性」並沒有那麼固定，而是會隨著社會的改變而改變。如同文章裡提到了「興趣」如何成為自己的「品牌」，現代人在擇偶時講求有共同的興趣，其實是很晚近才出現的現象。由此回頭看「愛情」單元中的課文，你或許會讀出不一樣的味道。

第二篇對應的是「藝術與生活」的單元，我們選錄了林巧棠的〈摩登時代，大家來跳舞——思想啟蒙了，身體隨之解放〉。這篇文章出自《百年不退流行的臺北文青生活案內帖》，描寫了日治時代臺灣的「摩登」樣貌。文章以韓國舞蹈家崔承喜來臺演出為引子，敘寫出「舞蹈」這項藝術的歷史意義：身體的解放，生活的解放，甚至是民族的解放。你不但可以和「藝術與生活」單元談到的詩歌、音樂互相比較，也可以注意作者如何透過一個關鍵事件來描寫整體社會氛圍的寫作方式，這正是「非虛構寫作」的強項之一。

第三單元的「從群居到都市」，我們補充的是蘇碩斌的〈都市傳說的妖氣～都市傳說大補帖〉。這篇文章出自《臺灣妖怪學就醬》，以大家耳熟能詳的「都市傳說」為題材，分析傳說背後所蘊含的社會意義。「傳說」不見得是真的，但一種傳說之所以能在都市中廣為流傳，則可以從中看出「都市」的某些特質。群居不只是一種空間上的量變，也會帶來人心的質變。人們害怕什麼？焦慮什麼？這便會像鏡子一樣返照出「都市」的樣貌。

最後一篇，我們以謝金魚的〈虬髯客的晚唐回眸——時不我予，那就放下〉做結，不但回應〈虬髯客傳〉，也讓我們更進一步沿著「非虛構寫作」的路線，思考「真vs假」的問題。本文出自《崩壞國文：長安水邊多魯蛇？唐代文學與它們的作者》，謝金魚透過歷史考證，比對〈虬髯客傳〉當中的哪些細節與真實情況有出入，提醒我們不宜盡信。但另一方面，作者也進一步延伸了「真」的意涵——即便小說的細節不是真的，但它所反映出來的時代氛圍、作者的焦慮與欲望，卻也都有貨真價實的意義。

到了高二，你想必經歷了選組的抉擇，並且成為學校各項活動的主力骨幹。不管你對自己的現在和未來有何規劃，不管你是文組理組，是認真唸書、忙著玩社團還是談了幾場戀愛，「知性」的思維永遠都能幫助你走好自己選擇的路。人不能無情，人也不能無知，希望「情」和「知」這兩項配備，能成為文學送給你的，一生的禮物。

自創品牌，推銷自己（節錄）

撰文／莫伊拉．韋格爾　翻譯／陳錦慧
收錄於《我們約會好嗎？：從古典情調的牽牽小手到新世代的交友APP，人們如何找到真愛？》，時報出版。

約會將求愛活動從家庭帶向市場。既然你有機會「選購」另一半，**你也有必要推銷自己**。品味於是成了約會女子自創品牌的關鍵。

「真正重要的是你喜歡什麼，而非你是什麼樣的人。」

影星約翰．庫薩克在電影《失戀排行榜》（**High Fidelity**）裡對著攝影機說出上面那些話。他的角色是個三十幾歲的唱片行店員，他從沒想過自己會跟一個喜歡歌手史汀（**Sting**）勝過警察合唱團（**Police**）經典唱片的女人上床。二〇〇四年獨立浪漫喜劇《情歸紐澤西》（**Garden State**）上映時，男女主角鍾愛獨立樂團**The Shins**。等到五年後《戀夏500日》（**500 Days of Summer**）登場，八〇年代的音樂再度風行，所以熱門的是**The Smiths**樂團。

「女女配」部落格Autostraddle的編輯們認同庫薩克的說法。「重點不在你是什麼樣的人，在於你喜歡什麼。」他們在二〇一二年情人節的一篇貼文裡這麼說。「你可能得花點時間才能確定，不過，有一天你會知道是時候借她你的《美國鳥類》（**Birds of America**）電影DVD，然後屏息以待，看看她喜不喜歡。」她可能會「懂」，或許不會。也許你女朋友懂妳，或者不。

像金．卡達夏（**Kim Kardashian**）和肯伊．威斯特（**Kanye West**）這樣的名流夫妻會公開宣稱他們懂對方。

「肯伊擁有世界一流的品味，」卡達夏前不久裝腔作勢地對Extra娛樂雜誌的記者說。

她丈夫點頭稱是，「其實只是在一天工作之後找點消遣放空自己。」

平凡的約會男女也夢想著能找到某個跟他們有共同（一流）品味的人，或者至少碰到某個不會公開吐槽的人。我曾經在火車上不經意聽到有個女孩對朋友抱怨，她曾經跟男人一夜情，隔天早上那人卻打開筆電，播放Limp Bizkit樂團的歌，雖然她對兩人之間的性事很滿意，卻絕不會把電話號碼留給對方。我聽了之後，不禁露出感同身受的哀傷笑容。

「我要我喜歡的男人喜歡我喜歡的東西。」那女孩嘆口氣說。

「喔，那個呀！」我對我朋友說起《失戀排行榜》那句臺詞時，她悶哼一聲，說道，「妳很難相信有多少男人把這點列在他們的OkCupid個人檔案裡。」

你的興趣是什麼？

過去十年來網路交友興起，使得「喜好」在求愛過程中的角色越來越重要。不同網站與APP各以不同方式盤點你的喜好，但都會將你的品味擺在個人檔案的顯著位置，方便潛在對象查看。

Match.com要求使用者提供他們的「興趣」、「最喜歡的熱門景點」與「最喜歡的事物」。就連名流都乖乖回答。美國生活風格大師瑪莎．史都華（Martha Stewart）註冊時，在「興趣」欄底下列舉了「烹調、外食、釣魚／打獵、園藝／庭園造景、電影／錄影節目、美術館與藝術、購物／古董、旅遊／觀光。」她說她最喜歡的熱門景點是一家叫sushi yasuda的壽司店。她最喜歡的事物是「英國影集《紙牌屋》（House of Cards）、《反恐危機》（Homeland），所有食物、交響樂、歌劇和饒舌歌。」

瑪莎的個人檔案技巧性地配置了比例恰恰好的自我揭露與閃爍其詞。任何打開她檔案的人都可能從中得知她喜歡「所有食物」。可是誰會知道她也喜歡嘻哈音樂？對於那些想要利用網路交友服務、卻又希望隱藏身分的名人，喜好或許更加重要。

一名四十多歲嫵媚動人的成功專業人士在紐約市使用多個APP交友，她告訴我，有個人透過OkCupid跟她聯繫，那人對書籍類型的偏好跟她一樣。對方的個人檔案沒有提供照片，她問他為什麼，他請她相信他有「非常充分的理由」。他們開始互通訊息，討論非小說歷史書籍，幾星期後他要求跟她見面。她去了約定的咖啡館，做了最壞的打算。卻發現跟她通訊聊天的原來是喜劇演員雷克．莫倫尼（Rick Moranis）！

幾乎所有交友網站都要求使用者提供自身喜好的相關訊息。其中有幾十個特別網站更進一步，宣稱要幫你找到iTune裡存有類似檔案、或會因為同一類型笑話發笑的人。如果你是那種會因為Instagram內容心生愛慕的人，也有專門的APP應付你的需求。它叫Glimpse，它只要求使用者輸入最基本的資料：年齡、性別與性傾向。並從Instagram個人檔案選擇一組照片，而後開始瀏覽其他使用者的照片，不需要任何其他身分辨識資訊。

「你喜歡什麼東西就代表你是什麼樣的人」，這句話的最佳註解是：某些人拍攝的早午餐菜色和浴室自拍照，可以透露所有你需要知道的資訊。它要傳達的是：選擇濾鏡與撰寫標題之類的美學考量，或許比你自己的文字敘述更能捕捉你的性格，再者，即使那些最微不足道的美感抉擇，最終都可能決定誰會喜歡你。

對書籍和樂團的喜好並非自古以來就左右求愛行為。猴子不會讚嘆牠的配偶跟牠喜歡同類型的香蕉。亞當沒有悄悄走到夏娃身邊，倒滿她的塑膠杯，問她是不是也喜歡龐克樂團Hüsker Dü。

對某種消費性商品的喜好竟能預測兩個人之間的愛情是否合拍，在人類歷史長河的大多數時段裡，這種事根本一點道理都沒有。一來，過去沒有那麼多可有可無的商品可供選擇。引領求愛行為的準則少得多：家庭、宗教、背景、社會階級。如今喜好變得這麼重要，在當時可說聞所未聞。

品味：挑選對象的標準

到了十八世紀晚期，這些現象開始轉變。短短二十年內，美國與法國發生了革命，拉丁美洲的反殖民革命繼之而起，加上工業化的萌芽，這些動盪創造了新興的中產階級。當他們掌握權力，就將過去王子們獨享的高雅文化據為己有。在巴黎將路易十六斬首的革命者做出象徵性舉動：掠奪皇室珍藏的藝術品，把皇宮羅浮宮變成公共美術館。

正是在那種時代環境下，哲學家與藝文評論家開始大篇幅討論他們所謂的gusto、gout、Geschmack*，亦即「品味」。理論家康德之類的人士宣稱，人類的品味既客觀又合理。雖說某個人對某件物品的反應，取決於該項物品令個人產生的愉悅或嫌惡感而定，但康德認為，這種評斷「普遍為真」。也就是說，這個道理對任何人、對每個人都說得通。回顧過往，對品味的執著似乎有勢利眼之嫌，是一種以社會階級區分人們的工具。品味是政治勢力漸漸式微的貴族用來確保自身高等文化資產的手段。隨著十九世紀往前推進，抨擊暴發戶新貴的低劣品味成了第一代中產階級堅守陣地的方法之一。

「品味區隔階級，它也區隔各種劃分指標。」法國社會學家皮耶．布赫迪厄（Pierre Bourdieu）這麼說。有關階級的訊息在約會市場上依然有其作用。

在一個我們大多數人不再依靠家人在所屬的社會階級裡挑選伴侶、或到處宣揚某個追求者可望從單身伯伯那裡繼承到「每年多少英鎊」的年代，詢問對方的品味有助於挑選來自「恰當」背景的人。如果某人宣稱她喜歡歌劇，她是在說她買得起歌劇門票，或者見夠世面，知道劇院裡有站票。正確念出你點的波爾多葡萄酒名稱，或者多費點唇舌描述產地的風土條件，讓人知道你熟悉法國、懂法語，或者至少知道最後一個子音不發音。

經過從小到大的社會化過程，我們很多人能夠不假思索地發送或接收這類階級背景暗號。精明的約會男女可以運用它們來傳送身分地位。如果你對這些品味規則認識夠深，就可以操控它們，讓自己往上高攀。

* 以上分別為義大利文、法文與德文，意同英文裡的taste。

摩登時代，大家來跳舞——思想啟蒙了，身體隨之解放

撰文／林巧棠，收錄於《百年不退流行的臺北文青生活案內帖》，本事出版。

「啊——」「呀——」尖叫，除了尖叫還是尖叫！

後面的嚷著「走快點！」前面的回頭喊「不要擠！」

這一夜，臺北人比白天的太陽還熱情。一九三六年七月初，平時人來人往的西門町二丁目「大世界館」異常熱鬧，知識分子、學生、咖啡店女給、女工，把幾條街道擠得水洩不通。美麗的朝鮮舞蹈家崔承喜，今晚將在此表演現代舞。

「大世界館」座落於西門町，今日的成都路八十一號。熱鬧的程度和現址的KTV一樣，一九三〇年代這裡是臺灣人看戲看電影的好所在。但崔承喜不是影劇明星，臺灣人對現代舞也不熟悉，那麼，日治時代的臺灣人怎會為她如此著迷？

是不是那種性感豔麗，迫使女人滿懷戒心的美女？不，崔承喜不是。男人欣賞她的風采與萬千儀態，女人或許想掙脫家庭束縛，或者逃離媒妁之言，她們幻想自己能和崔承喜一樣，靠著才能和努力獨立自主。要是能像崔承喜就好了，這麼一來整個世界都將是舞台。

百年前就有韓流，捲起臺日跳舞風潮

崔承喜曾被川端康成譽為「擁有出色的肢體表現、驚人的力道、正值跳舞年紀的她，富有顯著的民族特色，是日本最棒的舞蹈家」。一九三四年，她在東京發表第一次創作舞蹈，雖然演出當晚風雨交加，地點又在交通不便的明治神宮外苑日本青年會館，沒想到竟然盛況空前。

崔承喜因此一舉成名，不僅文化界好評不斷，川端康成還特別稱讚她的朝鮮舞《エヘン・ノアラ》。頭戴羽毛高帽，舞者白色水袖，身著朝鮮傳統服飾，長裙旋起如風，彷佛一團橘紅烈焰從日本延燒到臺灣。臺灣人發現，原來，身體就可以傳達情感和民族精神，原來，隨著音樂律動可以這麼美。

其實，舞蹈在朝鮮人的世界裡，本是寄生在酒席間娛樂客人的低俗粗鄙行業，崔承喜原來也這麼想。直到十五歲時，她在京城（首爾）看到日本舞蹈家石井漠的幾支舞作，《被囚禁的人》、《憂鬱》、《蘇爾薇琪之歌》，從此愛上了這種身體表達形式。於是她走到後台見了石井漠，成為他的弟子，將父母的勸阻置若罔聞，追隨舞團前往東京。她在自傳中形容初見現代舞的激動：

「撼動心弦！」「我可以走的路，除此之外沒有別的！」

這回的大世界館演出，是崔承喜應「臺灣文藝聯盟」吳坤煌之邀請，第二次來臺。一九二九年第一次來臺灣的她，仍是石井漠舞團的一名成員，這次再訪，已經是極富盛名的舞蹈家了，演出費遠遠超過當年石井漠舞團訪臺的價碼好幾倍。

一九三〇年代的臺灣，現代藝術尚在萌芽。雖然先有音樂家江文也、雕刻家黃土水、畫界「臺展三少年」陳進、林玉山、郭雪湖，然而舞蹈界卻仍是荒漠一片。臺灣文藝聯盟邀請崔承喜演出，全由人在東京的詩人吳坤煌策畫，想透過同為殖民地出身、卻已風靡日本的舞蹈家，為臺灣帶來舞蹈藝術的氣息，或許還能為民族藝術帶來些許靈光。

日韓舞蹈家訪臺，啟蒙臺灣現代舞，藉身體表達對自由的追求

吳坤煌希望石井漠和崔承喜，能將臺灣的舞蹈提升到藝術的層次。一九二九年石井漠的演出，真的點燃了一名臺灣少女對舞蹈的熱情。蔡瑞月自臺南女中畢業後，期望赴日習舞卻不被父親允許，心急之下寄了一封信給東京的石井漠，沒想到盼來的不只是回信，還有入學許可。

一九三六年崔承喜演出時，台下也有一名少年懷著想飛的夢。出身淡水商賈世家的林明德原本欽慕中國文化，甚至拒斥日本而至厦門求學。但看完崔承喜演出那個晚上，他一夕決定前往日本大學藝術科，跟隨崔承喜學習西洋古典舞蹈，後來又拜師石井漠學習現代舞。

他們二人承受鄉人的指指點點，只為追逐飛翔的夢想。對中國傳統戲曲情有獨鍾的林明德，編舞時加入許多京劇元素，擅長女裝舞蹈的他被稱為「臺灣的梅蘭芳」，也成為臺灣第一位舉行個人舞展的男舞者。當時學舞的出師條件，是返鄉舉行個人舞展，蔡瑞月卻遺憾地因為二戰局勢危險不能返臺，未能如願。

這兩位舞者，一如吳坤煌所願，見證了臺灣打開現代舞視野。只是，這註定是一條漫漫長路。一九三七年，臺灣文藝聯盟遭到總督府搜查，停止運作、所有的活動停辦，《臺灣文藝》雜誌也停刊。吳坤煌在返回東京時被控「違反治安維持法」，遭拘禁十個月。

文學家張深切回憶原因，曾說「自從文聯主辦了崔小姐的舞蹈會之後，日本政府對我們更加壓迫」。而報紙的記載也指出，「邀請舞蹈家崔承喜到臺灣各地公演，企圖以舞蹈促成民族啟蒙運動等各方面的鬥爭」。隨著日本帝國的擴張野心漸強，對殖民地人民的聯合活動也益發警戒，當局顯然對文藝啟蒙有所不滿，故假藉舞蹈之名整肅。雖然人事已非、真相難明，但人的身體竟暗藏追求自由民族的精神，想必

震驚了殖民政府。

再過不久，便傳來二次大戰的煙硝砲火，藝文活動與政治運動一併面臨嚴格的檢查。臺灣文藝聯盟的活動雖然中止，但他們追求的民族意識與奔放自由，卻已滲入民間，跳舞的風氣逐漸開展。生活在日本時代的都市，人們不只可以自由觀賞舞蹈演出，還能身體力行，親自跳起各式各樣的舞蹈！

臺北與世界同步跳探戈、狐步，摩登男女趨之若鶩

由崔承喜帶動、自由奔放舒展身體的渴望轉了個彎，繞道交際舞，瀰漫在臺北這個繽紛的大都會。

大正時代開啟了浪漫的跳舞時代。自由戀愛一詞，突然由報紙和年輕人口中流瀉而出，成為時代的鮮明思想印記。「男女授受不親」觀念逐漸衰微，人與人之間開始名正言順透過身體接觸來表達情感。昭和初期，臺北繼上海、東京之後，也跟著流行起西洋音樂，紐約最紅的《威靈頓公爵》樂團迴盪在樂迷的客廳，咖啡屋和酒館也擺上蓄音機，咖啡店女給也多了陪客人跳舞的服務。

西洋交際舞由歐美傳到上海、東京、臺北，成為時代流行的代表。〈My Blue Heaven〉這首狐步舞曲在歐美日大都會竄紅，臺北也幾乎不落人後地與世界同步。華爾滋、探戈、狐步舞，都是一九三〇年代臺北最熱門的關鍵字。戲稱「黑猫」、「黑狗」的年輕男女，在咖啡屋、酒館、舞廳內相擁而舞，追求新穎、進步的觀念，努力要實踐「維新世界」、「自由戀愛」。

愛跳舞的心不分種族，日本人與本島人都愛交際舞。小說家龍瑛宗在〈詩人的華爾滋〉裡，描述了昭和六年時臺北舞廳的繁華盛景。以西門町附近的「羽衣」為例，「舞廳的常客，並不是臺灣人，而是日本人的摩男和摩女（即摩登少年與少女的簡稱）」，而小說主角、詩人K氏光顧的這家舞廳常客則是本島

人。

「彩色閃光照耀著舞池，蓬折蓬折的旋律盈耳。一大群中國的摩登少年和女郎擁抱著在跳來跳去。」

不過，交際舞剛傳入時，專門跳舞的舞廳、舞場還未出現。一九三〇年，大稻埕和萬華的跳舞同好率先成立會員制的俱樂部，在日新町二丁目的會館舉辦舞蹈會，像這樣的聚會成了舞廳舞場的前身。

交際舞逐漸風靡臺北，咖啡屋紛紛改裝酒吧與包廂，舞廳舞場愈開愈多。臺北最有名的大舞廳，當屬延平北路的的「第一舞廳」了。被譽為「臺北咖啡屋界雙璧」的公園獅和巴咖啡屋也不遑多讓，播放西洋爵士樂和日本傳統小曲，還有短髮洋裝的女給共舞，知識分子個個陶醉在華爾滋的曼妙旋律和女給姣好的身影裡。

〈跳舞時代〉唱出臺灣新女性的時代心聲

交際舞如此風行，如果還有文人不學跳舞，反而老留在房間裡和藝旦唱小曲、玩擊缽吟，那可就太遜啦。因此，就連古典詩人也趕上了這股風潮。萬華高山吟社就曾以「跳舞女」為題，要求詩人在舞步節拍中擊缽吟詩。左詞宗王省三就有一首作品：

> 文明今世女，歌踏趁時潮；宛轉移蓮步，蹁躚舞柳腰。形容無限好，體態不勝嬌：夜會堪為樂，雙雙握手跳。

若想知道摩登男女跳舞時的心情，就直接聽歌吧。聽一九三三年臺灣流行歌曲〈跳舞時代〉如何記錄一名愛跳舞女子的心聲：

阮是文明女，東西南北自由志
逍遙恰自在，世事怎樣阮不知
阮只知文明時代，社交愛公開
男女雙雙，排做一排，跳Toroto我尚蓋愛

這首歌由古倫美亞唱片公司發行，歌手是全臺最有名的純純，歌詞「Toroto」即是狐步舞的意思，編曲也是採用狐步舞的旋律，歌詞奔放。臺灣第一代音樂家郭芝苑就曾這麼說：「當時最先流行的社交舞是華爾滋、探戈，再來是倫巴，吉魯巴和狐步舞，戰後臺灣光復，恰恰和曼波舞才逐漸流行起來。」〈跳舞時代〉不止唱出一名愛舞女子的心情，也是臺灣新女性的時代心聲。

不過，歌詞裡的「文明女」，乍看與古典詩人王省三筆下的「文明今世女」相同，實際上可差多了。跳舞時代的「文明女」是臺灣新女性，不僅改穿西式洋裝、學習國語（日文），還東西南北四處跑。她們丟掉又臭又長的裹腳布，腳趾伸展了，心情舒暢了，愛去哪就去哪，約幾個朋友、找個好天氣遊街去，毫不在乎沿路無聊男子的輕薄取笑。

相較之下，古典漢詩人寫的則是為討生活下海的「職業舞女」，包含咖啡店女給、舞廳的舞女，處境比起娼妓雖然稍好，在世人眼裡仍屬風塵女子。

費一圓買票，可以連抱七八個胸粘胸，任你緊抱著亦不要緊。

小說家徐坤泉筆下，沉浸在歌舞中的青年如此描述跳舞的飄飄然快感。不過，無憂無慮的好日子畢竟不多。一九三八年起，戰爭吃緊，前方將士浴血奮戰，後方城市起豈容衣香鬢影的歌舞？一九四〇年，臺北餐飲及娛樂界為了響應「興亞奉公日」政策，每月一號皆自動休息一天。

日治末期臺北最大的電影院、擁有兩千多個座位的「第一劇場」，該年八月底就不敵輿論壓力，決定關閉內部的「第一舞廳」，臺灣第一個跳舞時代的象徵就此劃下句點。戰火延燒的年月容不下歡逸的歌舞，一九三〇年代舞蹈乍現的自由與奔放幾乎歸零。

237 閱讀超連結：

摩登時代，大家來跳舞——思想啟蒙了，身體隨之解放

都市傳說的妖氣～都市傳說大補帖（節錄）

撰文／蘇碩斌，收錄於《臺灣妖怪學就醬》，奇異果文創出版。

都市社會的新妖怪

人類對鄉野空曠的焦慮，就轉嫁給湧入都市的陌生人；對超自然的恐懼，則讓渡到各種現代發明的新科技了。

現代社會終結了以村落為主的聚落模式，取而代之的都市，最根本的特質正是社會學家洛夫蘭（L. H. Lofland）說的「陌生人的世界」（World of Strangers）。什麼是陌生人？社會理論大咖齊美爾（George Simmel）有一個經典定義：今天來、但是明天不會走的人。陌生人不是與我們生命毫不相干的過客，而是和我們一樣大量移居來到都市、而且未來必須無可逃避的共同生活者。

前面提到布倫凡用作都市傳說代表作的《消失的搭車客》，事件發生的十字路口、載送的陌生女子，都是都市世界的獨有。陌生人有多恐怖？如何與陌生人共處？是人類追求行動自由的難題，其實也是人類必須付出的代價。

齊美爾另有一篇都市研究的經典之作〈大都會與精神生活〉（Metropolis and Mental Life），論證都市聚集來自四面八方的人，道德標準也有大量差異，如果對所有人與事皆投入關注，神經系統必定崩潰。人在都市為保存自我生命，結果就是透過「精算」來選擇性回應，也就是，要把眾多的差異（difference）

化約為無差異（indifference）。無差異，竟是「冷漠」的同義詞。

陌生人的世界何其冷漠。人類能夠安然生活？不需要調節機制嗎？可是光亮的都市，妖怪似乎已經沒有棲居地，「都市傳說」是否扮演起這樣的作用力，也就特別耐人尋味。

一九六四年美國紐約一件殺人案衍生的「凱蒂事件（Kitty Genovese Case）」，就是控訴都市陌生人冷漠的經典。

三月十三日深夜的紐約皇后區，二十八歲女子凱蒂步行回家，遭到一名男子跟蹤騷擾，最後在這個中產社區中沿街追殺致死，時間長達三十分鐘。凶殺案後兩星期，《紐約時報》頭版刊出聳動的標題：「三十七名目擊謀殺發生未報警 皇后區女子被殺反映的冷漠震驚警界」。二名記者的報導寫道：「將近有半個小時，皇后區三十七名平日奉公守法的紐約市民，隔窗觀看一位年輕女子在街上被三次追殺致死……沒有一個打電話報警」，只有一人事後才報警。（編按：《紐約時報》刊出時寫三十七名，後來出書時變更為三十八名。）

事件頓成現代都市冷漠無情的鐵證，《紐約時報》主編羅森塔（A. M. Rosenthal）還將事件彙集出版《三十八名目擊者》（Thirty-Eight Witnesses），社會心理學界也在一九七〇年發展出「旁觀者效應（Bystander Effect）」的理論，指證一個人以為別人會做而減弱責任感的後果。

城市確實冷漠。然而「三十八名目擊者的無情」是真的嗎？事件過了四十三年，二〇〇七年竟有三名心理學家翻出當年警局文獻、報紙記載比對，最後在學術期刊American Psychologist發表論文大翻案。論文說，記者並無根據可確認三十八人站在窗前成為目擊者，現場也非無人報案，只是多通電話因接聽員警誤判案情而把案子吃掉了；還有，追殺只有兩次而不是三次，凱蒂也不是慘死現場，而是傷重被警察送到醫院後才宣告不治。

然而，即使學術界已推翻「三十八名目擊者」的真實性，二〇一二年還是有法國導演Lucas Belvaux

改編為電影《38個證人》（38 témoins）、二〇一四年美國暢銷電視影集A Crime to Remember也推出一集演《38個證人》（38 Witnesses）。

真假並不重要，持續傳遞的訊息機制，才是應該注意的關鍵。由此看來，凱蒂案可說是「都市傳說」的另類典型。

都市傳說，確實並不以故事的真假為重點。「都市傳說」的基本元素，是都市人在特定時空需要的母題（motif），以及口耳相傳的「傳言遊戲機制」。陌生人，就是都市傳說最強的母題之一。例如日本的「階下の住人」、臺灣的「樓下的房客」、美國的The Roommate's Death，都是善用陌生人恐懼效應的都市傳說創作。在當代租屋住宿盛行於年輕學生的時代條件下，沒有長期住所造成的領域感缺乏，對於必須毗鄰而住的陌生人之擔憂不安，感受既具體又真實。比起古老鄉野傳說，這種心理距離確實十分接近，也是「朋友的朋友」的故事傳遞下去的動力。

與新科技共處的不安

工業革命之後推陳出新的科技，廣義來看，也是新舊交錯的「境界」。科技物，彷若原本陌生、但又必須熟悉的外來者，初始接受總是滿滿焦慮。尤其是科技物都具有創新、變化、驚異的意味，最適合喜愛都市傳說的年輕、高教育族群。

都市傳說的各種科技物母題之中，汽車和電話，應是最具代表性的二個。汽車雖然發明於十九世紀末，但標準量產而大舉進到人類世界，則是一九〇八年福特T型車時代，而在經濟大蕭條的一九二〇年代末，世人更是夾雜諸多愛恨而大肆流傳汽車傳說。二十世紀的都市傳說，就有很多是從民俗傳說進化而來，布倫凡著名的「消失的搭車客」就是一例。

根據考察，「消失的搭車客」最早甚至可以溯到一八七六年，基本元素相同，都是鎮外遇見攔車、乘客隨即消失、早已死去多年。不過，蒐集到的十九世紀故事裡的交通工具，卻是徒步版本和馬車版本。也就是說，這個故事從傳統民俗轉到汽車時代，不僅沒有亡佚，反而發揮更重要的作用。這個傳說不只在美國流傳，二次戰後有學者在韓國也考察到幾乎相同的都市傳說。

汽車傳說的另一個代表作，是「男友之死」。情侶在暗夜的偏遠小路車震，卻發現汽車沒油，強壯的男友決定外出求援。膽小的女友獨自留守，遵循男友交代，沒有聽到暗號不可打開門鎖。竟夜只聽見車頂有詭異的聲響「嗒、嗒、嗒」，男友沒有回來。天亮，警察走近，要求女孩移動到警車，再三交代：「絕對不要回頭看！」

但是女孩終究回頭看了。就如希臘神話裡到冥界尋妻的奧菲斯（Orpheus），明知不可卻忍不住。一回頭，男友滴血頭顱就倒插在汽車天線，一晃一晃敲著車頂……

故事的基本元素穩定而古老，但在汽車文化裡有了新生命。其他像是「後座殺手」、「生前愛吃蘋果的坐車女子」等等都是，因為暗夜搭車、郊野拋錨、偷情車震的新體驗駕臨人間，故事重新大量復活及新創，與民俗口耳相傳的路徑，確實十分相似。

電話也是都市傳說的鮮明母題。

電話雖是當代人最貼身的私物了，但是最初進入民間，真的帶來焦慮。

臺灣的電話普及，是從一九七六年「村村有電話」政策的廣布線路才開始，而且一開始都像張君雅小妹妹那樣，接打電話都要跑一趟村長家。日本媒介學者吉見俊哉在《聲的資本主義》之研究也顯示，日本一九七〇年代初期一般家庭開始流行裝電話，都是裝在玄關門口。那支外型烏黑、傳來人聲的機器，像是不相謀面的第三者，電話一響有如外人進門，當然必須謹慎。是後來人類和電話愈來愈熟，才逐漸擺上客廳、拉進房間，乃至機不離身、忘了帶就極焦躁。

「保母和樓上男人」（The babysitter and the man upstairs）是電話傳說的名品。年輕女大生打工在富裕人家當臨時babysitter，哄了孩子們睡著之後準備休息。不久，電話數度響起，話筒裡男人冷冷地笑，說：「去看看孩子！」保母女孩心生恐懼，打給接線生求助。不久，接線生告訴她，電話從同一棟宅邸的樓上撥出……

結果的版本很多，但是男人多半持刀下樓，女孩尖叫逃避，睡著的孩子則是兇多吉少。這也就是電影《奪命電話》（When a Stranger Calls）的原著。對於挾帶外人聲音的電話置放在家裡的不安，衍生而出的都市傳說數量很多。午夜零時撥出幾個0可以直通前世的「地獄電話」也流傳長久，臺灣七月十五前後更是傳說的高峰；另外如「瑪莉的電話」裡拿著手機步步逼近的鬼娃，則是近年行動通信時代較嚇人的故事。

科技物的不安一直都會釋放開來。如果省思鈴木光司小說《七夜怪談》，錄影帶裡頭預告著貞子將從傳統世界沿著「電視」攀爬而出的畫面，或許是提醒現代人的警訊：我們溺愛的電視機，其實潛藏驚悚的危機。

人己關係的調節體系

就如布倫凡的主張，「都市傳說」應該是當代社會的民俗。都市傳說的精髓不在故事自身，而在於一如古老民俗的口耳相傳網絡機制。正如宇佐和通主張的，都市傳說是一個「巨大的傳言訊息遊戲」。

日本民間傳說「牛之首」（牛の首），可以用來理解都市傳說的重點在於傳言機制。「牛之首」號稱日本史上最最恐怖的怪談——聽到內容的人都因異常恐懼而嚇死，也因為太恐怖，所以聽過故事的人都已不在人世。

有人考察故事骨架是「天保大饑荒」惡人迫使老弱戴上「牛頭」以殺食之。但是這裡要說的是，「牛之首」的核心在於社會需要恐怖的形式，不在於內容。宇佐和通也說他撰寫《都市伝説の正体》的工作，不是為了蒐集多少巨量的奇聞，也不是為了辨識出傳說都是假造的，也沒有意圖要安慰世人必須相信科學。都市傳說的重要性，是依賴「被接受為真」而繼續傳遞下去，聽者和說者，都捲入巨大的「傳言訊息遊戲」而有效運作。

彷如文學也能對抗世界一樣，傳說，也在調節人與自然的關係。

一九七四年，王禎和短篇小說〈伊會唸咒〉，故事是一個小鎮的章議員想要收購土地做開發，也就是今天統稱的「都更」。但當收購的動作侵犯到家園，問題就會浮現。妖魔傳言，就是一種反對的力量。堅決守護先夫產業的寡婦阿緞，拒絕各種條件的徵收，章議員和手下恩威並施都無效，就發動市井謠言編派偷漢子情節，想把阿緞逼到無路可走自動離去。阿緞懊恨難耐，衝到議員面前大喊「你出門會給車子撞死」。過幾天章議員竟然真的在路上撞上砂石車橫死，全鎮都相信寡婦阿緞是會唸咒的女巫，從此敬畏不已，家園終於留存。

當然大快人心，因為正義伸張——雖然是以超乎法理的無奈形式完成。可是小說大快人心的集體情感也透露，市井傳言並非只是惡霸毀謗弱小的武器，也能夠是保護土地正義的機制。是傳說製造了女巫，民間社會才能抗議不當壟斷土地、胡亂開發的現象。日本或臺灣，都有時代要面臨都市開發，都有一批心靈在反對，這是土地與妖怪的知識來源。

科學理性必然有無法窮盡的領域，因此，人類總是必須敬畏超自然的「不可知」。當人類不斷開發天空、地表、土底的一切一切，其實也不斷在改變人與自然空間的關係。有時，關係會太過靠近，有時卻又太過疏離。不要太期待政府機構、知識份子可以挺身解決問題。都市傳說就以「牛之首」的機制誕生，內容會轉移、能重生，真實發生與否可不必問。一旦成為都市傳說，透過都市人談論而滲入生命，那麼「我朋友的朋友」就自動扛起責任。「都市傳說」是沒有作者的文學體系、都市人己關係的調節機制。

245　閱讀超連結：
都市傳說的妖氣～都市傳說大補帖（節錄）

虯髯客的晚唐回眸——時不我予，那就放下（節錄）

撰文／謝金魚，收錄於《崩壞國文：長安水邊多魯蛇？唐代文學與它們的作者》，圓神出版。

〈虯髯客傳〉，也稱〈風塵三俠〉，一直被認為是唐代文學的傑作。內容大概是說，隋末天下即將大亂，一個失意的青年李靖，前去拜訪重臣，在對方家中遇到一個侍女對他示好。當天晚上，這個侍女竟跑到李靖下榻的地方，表示自己名叫紅拂，要與他共結連理。天上掉下來的正妹當然不能不要，但又擔心重臣報復，於是李靖與紅拂逃往太原，路上遇到一位鬍子拉碴的俠客，紅拂與俠客結拜為兄妹。俠客被稱為虯髯客，聽說有意逐鹿天下，卻在見到太原的一位青年貴公子後感嘆自己再無機會，於是將財產送給李靖夫婦，退隱海外，而李靖則轉為侍奉那位貴公子，也就是未來的英主唐太宗。

在這篇傳奇中，虯髯客的豪爽、李靖的內斂與紅拂女的聰慧，令人印象深刻，幾度改拍成影視作品。寫下這篇傳奇的作者名叫杜光庭，是晚唐五代的一位道士，也由於杜光庭的影響，李靖從一個歷史人物，變成了戰神，他的形象和道教結合，乃至於到了明清，在小說《封神榜》裡，竟也無端出現了同一個名字、同樣的形象、同樣宗教脈絡的人物——唐代的李靖當然不是商代的陳塘關總兵，也沒有生一個叫哪吒的屁孩，最後也沒有變成托塔天王，只因同名同姓，常常造成誤會。

這一路莫名其妙的發展，都來自杜光庭一篇才華洋溢的小說。但是，如果你穿越到唐代、見到了李靖，你恐怕會跟我一樣大喊：「杜光庭！你別鬼扯了！」

到底杜光庭有多扯？他的瞎掰又有什麼意義？而這篇收入國文課本的唐代傳奇，究竟承載了多少虛構與真實？

李靖——失意大叔一秒變帥氣

〈虯髯客傳〉一開始，就描述隋煬帝去了南方，把政事交給奸臣楊素，又以楊素生活比皇帝還奢靡來指涉其心懷不軌，塑造出隋末政局混亂的背景。此時，胸懷奇策的平民李靖帥氣登場，折服了楊素，順便電到正妹紅拂，兩人私奔，意圖在天下大亂時創造一番事業。

文章中並未言明李靖歲數，而紅拂大約十八、九歲。因此在讀者的印象中，常常認為李靖是個青年男子，這個印象一直延續到現代，而很多電視劇中的李靖都是個帥哥。

但是，杜光庭沒有告訴你，現實中的李靖，儘管年輕時確實又高又帥，不過在隋末唐初時，已經是個年近五十的大叔了！隋唐的人又大多早婚，李靖當然不可能四十好幾才遇到命中注定的女人。那也是個重視出身的年代。李靖來自於五姓家族，五姓家族的男性必定迎娶大家閨秀，甚至不可能和平民結婚。而故事中的紅拂是楊素的「家妓」，家妓與奴婢一樣，是隋唐帝國中的賤民，因此，李靖的妻子絕對不是紅拂。

杜光庭的錯誤不只一處。隋末時，李靖也根本不是沒有官職的「布衣」，人家十六歲就開始當官（我十六歲還在和我爸媽吵架），還考過科舉，在基層努力踏實地服務。而他與楊素也不是到隋末才認識，事實上，楊素雖然與他家有點過節，卻很欣賞李靖，算是他的貴人。只是李靖的官運平平，直到老年才真正迎來事業的高峰，真是勵志。

效忠李世民？你搞笑嗎？

在故事中，李靖認識了後來的唐太宗，並幫助太宗取得天下。這件事如果讓李靖本人聽到，他肯定會氣到吐血。

為什麼呢？李靖在隋末與唐高祖（唐太宗的老爸）一起接受隋煬帝的命令，防守北方，又以隋的忠臣自居，當他發現唐高祖想造反時，馬上就衝去通報，但因中原大亂又退回長安。在唐高祖帶兵圍攻長安時，李靖奮力反抗，還差點被殺掉，所以他不會幫唐太宗奪天下。

而且，李靖只小唐高祖四歲，他應該見過唐太宗。但是在他眼中的太宗可能就是個小屁孩，因為唐高祖當時的接班人，是已經三十歲的長子李建成，李靖實在是不可能在一開始就效忠於唐太宗。

至於〈虬髯客傳〉最後又說李靖的兵法來自於虬髯客的教導，這話讓李靖的家人聽到，可能會集體氣到吐血。因為李靖的哥哥、外公和三個舅舅，都是以勇武出名的大將，尤其是舅舅韓擒虎，常常和李靖談論兵法，又摸著李靖的頭說：「能與我談論孫子兵法的人，就只有這個小孩了。」可見李靖後來很會打仗是有家學淵源的，和虬髯客一點關係也沒有。

那麼，有什麼是真的？

〈虬髯客傳〉與許多唐代傳奇一樣，在歷史人物的人生上呈現一個平行宇宙的狀態，但是在故事中，仍然透露了唐代生活的細節。原因很簡單，杜光庭寫作這個故事時，加入了自己的生活經驗，寫作的當下，他不會想到這篇文章會在一千三百年後被人閱讀，而他原先寫的現代細節，也變成了古人的生活。

——唐朝人怎麼坐？

〈虬髯客傳〉一開始描寫了楊素的豪奢，除了擁有許多侍女之外，還說他見賓客時總是「踞床而坐」。現代人讀到這裡，往往不能理解這四個字的意思，所以也就不能理解李靖後來勸楊素不要「踞見」賓客的原因。

這是因為晚唐以前所謂的「坐」就是跪坐，這與從前穿的服飾有關。在唐代之前的漢代流行深衣，衣服下穿的褲子是不合襠的，不跪坐會走光，這是非常不禮貌的；而「踞坐」就是把腿張開著坐，更完全是會走光的坐姿，在客人面前這樣做，是有意地輕視對方。

因此，這種應當「跪坐」的習慣一直保留到隋唐，而在客人面前「踞坐」也被認為是傲慢的表現，成為當時人的基本常識。至於故事中說「踞床」的床，並不是我們今天的床鋪，而是一張矮几，也叫「榻」，必要的時候，也可以抬起來走。

楊素「踞床而坐」，顯示他輕視天下英豪，因此，李靖勸他不要「踞見賓客」一言的背後，是勸他不要自大、應當謙虛地接納旁人的意見。

——唐朝人怎麼看你身家？

而紅拂女對李靖一見鍾情後，跑去詢問李靖的身家資料。她第一個問的就是他「第幾」，也就是排行第幾。現代都是小家庭，是老大老二老三並不重要，但唐代多為大家族，同輩的男女都會排成大排行，因此，某地某家的某幾郎或某幾娘，就是探聽此人身家背景的鑰匙。

例如白居易，就是白二十二郎，白居易的好朋友元稹則是元九。這種排行顯示唐代是世家大族所控制的社會，因此，家族中的排行成為定位某人地位的準繩。

——唐朝人怎麼旅行？

如同另一則傳奇〈李娃傳〉中呈現了唐帝國首都長安的城市風貌、〈柳毅傳〉裡顯示了唐人眼中的洞庭湖，〈虬髯客傳〉主要舞台在太原城與前往太原的路上。當李靖與紅拂逃離長安、前往太原時，他們寄宿的旅店在「靈石」，這地方位於今日山西，在唐代的史料中，是太原與長安之間必經的要道。李、紅二人在靈石落腳，旅店「設床」、也就是拿來坐具讓他們休息，紅拂女則站在床榻前梳著長髮，等著李靖把馬刷好、等爐中的肉煮熟。此時，虬髯客出現，他倚著旅店的爐子，直直地看著紅拂女梳頭，讓李靖感到很憤怒。

唐代的旅店並不像電視上演的，人們一投宿後就進入自己的房間。此處的旅店是開放的空間，雖然會提供坐具，但是也可以像虬髯客那樣，直接就在爐子旁邊半躺半坐，是非常隨意的。而旅行中的女性，也難免會被其他男性所窺探。

聰慧的紅拂在發現虬髯客的目光後，暗示李靖不要生氣，隨後整裝以莊重的姿態前去探問虬髯客的底細，因此虬髯客從一名窺探她的陌生男子，變成了一位豪爽的兄長。當虬髯客表示肚子餓了，李靖連忙出門買胡餅作為主食，接著三人圍坐著開始吃餅配肉。

這段從陌生到熟悉的過程，可以看見旅舍的開放空間中，存在著人與人的交流。而虬髯客詢問李靖的目的地、要求李靖引他見李世民的對話，也可看出當時信息與人脈的交換。

——太原有什麼意義？

李靖等人前往太原後，虬髯客見到了年輕不羈的李世民，心知眼前即是天下之主，卻還不甘心，又有了第二次聚會。此時，他請了一位道士，道士一見李世民後，對虯髯客說：「這不是你的天下了，但是別的地方還有機會。」於是，虯髯客把中原的產業交給李靖與紅拂，揚帆出海尋找新的天地。

這個故事為什麼發生在太原？而不是首都長安或洛陽？這是因為太原是隋唐對抗北方突厥的重鎮，控制著出入中原的要道，因此，一向交由皇帝的親信掌管。李唐的建立者唐高祖李淵是隋煬帝的表哥，在煬帝前往南方後，就受命鎮守太原。李淵一直在太原城中暗自積蓄實力，他將家人留在南邊的河東，由長子李建成負責河東豪傑的交遊，而李淵在太原城中的一些事情，則由次子李世民來協助。

最後，當天下大亂時，李淵也是從太原舉兵，攻占長安，因而站穩了腳步。對於李唐帝國來說，太原是「龍興之地」，在建國之後，太原曾有「北都」的地位，因此，這個故事發生在太原是相對合理的。

百年後的感嘆

雖然李唐在李氏一家男女老少的鼎力合作下建國，但不到十年，李世民就在玄武門之變中，殺死兄長李建成，篡奪了父親的皇位。從此，李世民就開始在史書中擴大自己的影響力、抹黑兄長、貶低父親，以致後代的史書中，年少的李世民反而成為李唐王朝建國的主導者。而在杜光庭的故事中，也承繼了這樣的論述。

我無法知道為什麼杜光庭要這麼做，他明明和李世民差了兩百多年，也沒有直接的血緣關係，卻編造出這樣一個完全不合史實的故事。

不過，這個故事帶著濃厚的道教色彩，包括李世民的異相、道士的預知能力，以及虯髯客順從天命的瀟灑。或許這與李唐王朝尊奉老子為祖先、以道教為國教有極大的關係；而杜光庭本身也是一個道士，並著有許多道教的重要典籍，他也藉由這個故事來強化道教與李唐王朝的聯結。

李靖成為道教背景的虯髯客與道士選擇來輔佐李唐的名臣，儘管李靖本人並沒有明顯的道教背景，甚至他與兄長的字分別為藥師、藥王，可以看出其家族有佛教的傾向，但都不影響杜光庭把這位名將拉進道教，擴大道教的影響力。

此外，我們必須知道，杜光庭的時代，是唐王朝的末世，偌大的帝國分崩離析。越在此時，宗教的力量越顯強大，而道教又面對著來自佛教的挑戰，有必要在此時回溯唐帝國的起源，並藉由道教元素的滲透，讓道教重新找到自己的定位。

杜光庭的本意，並不是要寫一個歷史故事。如果我們僅僅注意他的歷史錯誤，就很難看見他文章中意圖呈現的氛圍：普通人可以為之死的皇位或鉅富，可以因為英雄相惜、天命所歸而豁達地捨棄，寧可重闢天地也不願苦苦掙扎，這是何等勇敢、瀟灑、充滿希望的時代？

很可惜，這樣的時代只存在於他的想像之中。實際上杜光庭所面對的是一個混沌而危險的亂世。

道士對虯髯客說的那句「**此世界非公世界，他方可圖**」，恐怕也是杜光庭自己的感嘆吧。

普通型高級中學國文 3

中華文化基本教材

第三單元

人際的互動與衝突

社會的秩序與和諧該如何在人們的具體生活中實踐？

導言

在第二單元中，我們談了「人性」，從幾位思想家的角度思考了人性與文明可能如何交互影響。討論人性問題的時候，暫時仍將焦點集中在人的「普遍性」上面，也就是人們共同擁有的那些條件或者特質。中國古代經典在討論這些問題時，關注的是人性的共通之處，透過種種論述，給出明確的指導原則，讓人在面臨選擇的情境時有依據的標準。

但就如同每個人的親身體驗，實際生活無法被簡化為抽象的概念，人與人的互動有著各種無法預期的可能，周遭的環境條件也會在各方面產生影響。因此，儘管預設了人性的樣態也不能保證生活中的諸多問題能夠迎刃而解。（提問 a）更何況，人類的文明隨著歷史演變呈現出不同的面貌，人們的生活也會在各個時代面臨不同的挑戰與困境。

基於上述兩項理由，儘管社會的安定與和諧是人類長久以來追求的普世價值，中國古代思想家對於如何有效解決具體的社會問題與實際遭遇的人生困境，仍有不同的實踐主張。

「人際的互動與衝突」這個單元想要呈現這些說法的多元面貌，並且期待大家反思這些說法在當代是否還有意義。這一個單元將延續先前討論的人性問題，透過一些古代的經典文本，探討人如何在具體的生活情境中達成和諧與秩序。

人們追求社會的和諧某種程度上可看作是追求公共利益（BOX1）的最大化，然而社會上的每個個體，也存在著各自的私慾與私利，當個人利益與社會公益相衝突時，就必須面對公與私何者優先的問題。這個問題具體落實在社會上，情況會更複雜。事實上，人們在社會上的各個領域（如家庭、職場、學校等等）間扮演了許多不同的角色，有著不同身分，考量與追求皆不相同。這些社會角色（BOX2）形成了一重重的框架，這些框架被賦予了不同的角色期待，也或多或少規範了不同身分的權利與義務，使人在社會上無法完全依照自己的意志做出行為抉擇。人有時可以安然活在社會裡，但也時常受到社會箝制，被社會壓抑了追求理想生活的自由。思考社會如何和諧，最終仍必須回應每個人對理想生活的想望，在追求與建構更理想的社會體制時，這或許是我們最該關切的問題。

為了回應這個思索的過程，本單元選錄了墨子、孔子、孟子及莊子這幾位中國古代思想家所提出的主張，分別代表公與私的拉扯、多重身份的價值衝突以及個人如何在群體中安頓身心這三部分的討論。

而這幾位思想家在討論社會問題時，都不約而同地將問題的核心鎖定在「人」身上，較少注意社會構成的時空、物質與制度等條件。這種思考方式與當代有別，也提供了反思的視角，讓我們能進一步思考「人」與「社會」之間的種種關係。

第一節：
群體利益與社會和諧

思想是人與時代互動的成果，理解一套學說，必須了解它的時代背景。「群己」問題涉及社會結構與人際互動，更需要在具體的時空情境中被討論。周王朝的社會制度以「血緣」為組成的核心，宗族成員的權利、義務，往往與血緣的親疏遠近有密切關係，這是宗法制度與封建制度（BOX3）的重要條件。周人所構想的社會秩序，需要依靠這套制度下產生的種種道德價值（如孝、慈、忠、信、仁、愛、友、恭等等）來維繫。

人的互動與宗法血緣息息相關，因此人在社會生活中，必須考量自己在人際網絡中扮演的身分：較親近者必須優先關懷，較疏遠者在道德義務上則較為淡薄。基於這個原則，每個人在實際生活中所考量的價值判準，便會隨著各自的人際網絡不同而產生差異。周人並未制定嚴格的法律，

提問a：請反思你自己的生活經驗，舉出具體的例子，解釋這句話的內涵。

BOX1 公共利益：這裡說的公共利益（public interest）是指社會群體所獲得的共同好處，與個人的私利相對。

BOX2 社會角色（social role）：是指個人在社會中居於不同的地位或者身分，伴隨著不同的權利與義務關係，也被期待著表現出特定的行為、特質。一個人的社會角色可能是多重的，在不同的領域中扮演著不同的社會角色，被期待有相應的行為、態度或者生活方式。

BOX3 宗法制度與封建制度：宗法制度指以血緣作為政治、社會組織凝聚力的制度，主要特色包括父系、父權、外婚、從夫居、長子繼承等等，這項從周代奠定的制度成為後來中國傳統社會的主軸。至於周代的封建制度則是以宗法制度為基礎的政治體制，它

更未有如今日「法律之前人人平等」或者「天賦人權」的概念，人在各自的關係中有著不同的權利義務，並不會被視為平等的個體。

墨子（BOX4）生活在「禮崩樂壞」的春秋時代末年，面對社會的失序，墨子認為關鍵的原因在於人與人之間不能相愛。前述周人對於親疏遠近的考量，隱含著以自我為中心的思路，這無形中讓人們更容易重視自身的利益，無法同理他人，進而導致不公平地對待他人，造成社會不安。墨子認為，倘若父子、兄弟之間「不相愛」，甚至互相殘害，則原本以為能夠透過宗法制度維繫的家庭倫理等關係，也可能瓦解。

對此，墨子提出「兼愛」這個方法，認為只要人與人之間彼此相愛，不再分別親疏遠近，秉持統一的道德原則，那麼在行為的判斷上也就不會再有差異，社會上的紛爭也能止息。

我們試看〈兼愛〉中的一段文字：

文本選讀

3-1-1（提問 b）

子墨子 1 言曰：「仁人之所以爲事者 2，必興天下之利，除去天下之害，以此爲事者也。」然則天下之利何也？天下之害何也？子墨子言曰：「今若國之與國之相攻，家 3 之與家之相簒 4，人之與人之相賊 5，君臣不惠忠 6，父子不慈孝，兄弟不和調 7，此則天下之害也。」

然則察此害亦何用生 8 哉？以 9 不相愛生邪？子墨子言：「以不相愛生。今諸侯獨知愛其國，不愛人之國，是以不憚 10 舉其國以攻人之國；今家主獨知愛其家，而不愛人之家，是以不憚舉其家以簒人之家；今人獨知愛其身，不愛人之身，是以不憚舉其身以賊人之身。是故諸侯不相愛則必野戰；家主不相愛則必相簒；人與人不相愛則必相賊；君臣不相愛則不惠忠，父子不相愛則不慈孝，兄弟不相愛則不和調。天下之人皆不相愛，強必執 11 弱，富必侮貧，貴必敖 12 賤，詐 13 必欺愚。凡天下禍簒怨恨，其所以起者，以不相愛生也，是以仁者非 14 之。」

既以非之，何以易 15 之？子墨子言曰：「以兼相愛、交相利之法易之。」然則兼相愛交相利之法將奈何 16 哉？子墨子言：視人之國若視其國，視人之家若視其家，視人之身若視其身。是故諸侯相愛則不野戰，家主相愛則不相簒，人與人相愛則不相賊，君臣相愛則惠忠，父子相愛則慈孝，兄弟相

愛則和調。天下之人皆相愛，強不執弱，眾不劫寡，富不侮貧，貴不敖賤，詐不欺愚。凡天下禍篡怨恨可使毋起17者，以相愛生也，是以仁者譽之。」

注釋

1. 子墨子：我們的老師墨子。第一個「子」是夫子（老師）之意，是弟子們尊稱墨子；第二個「子」是一般的尊稱。
2. 仁人之所以為事者：仁人治世的目標。
3. 家：指大夫的家族，並非現今習稱的家庭。古代貴族掌握資源，各家族間因利益衝突而相攻伐，這種情況在東周時期十分常見。
4. 篡：奪取、掠奪。音ㄘㄨㄢˋ。
5. 賊：殘害。
6. 惠忠：恩惠、忠誠。指君王對臣子施與恩惠，臣子對國君盡忠。
7. 和調：和諧相處。
8. 何用生：因何產生？
9. 以：因為。
10. 憚：忌憚，有所顧慮或畏懼。音ㄉㄢˋ。
11. 執：控制。
12. 敖：傲視，這裡指看輕、鄙視。
13. 詐：指有機心者。

的基本意義是「封疆建國」，源於西周初年將土地分封給周王室的親族、功臣或者不同部族的後代，建立多個諸侯國。

提問 b：這篇文章的行文邏輯很清晰，透過連續的設問與申論，層層分析，說理明白。請順著以下系統思考的引導與提示，根據文章內容回答問題：

（1）設立目標：仁者治世的目標是什麼？

（2）分析問題：現況是怎樣的呢？符合理想嗎？

（3）探究原因：那些現象的根源是什麼？

（4）提出解方：要如何做才能夠根除亂源，達成目標？

BOX4 墨子（西元前 468 年 - 西元前 376 年）：名翟，春秋末年到戰國初期的宋國人，一說是魯國人。有學者認為墨子的「墨」並非姓氏，而是反映出他曾經犯罪受刑或者身為工匠的生活經歷。無論如何，墨子與他的追隨者經常被賦予刻苦、苦行的形象。墨

14 非：反對、不認同。
15 易：替換，這裡指改善。
16 奈何：如何。
17 毋起：不起。

章旨詮釋

〈兼愛〉共分上、中、下三篇，皆圍繞著「兼愛」這個主題，這裡我們節錄的是〈兼愛中〉的頭幾段文字，很能代表墨子的核心關懷。文章首先指出，仁者起而治世的目的在於興起天下之利，去除天下之害，可見墨子對於治理社會觀點，主要圍繞在「利」與「害」這兩個概念上。墨子看到的社會弊害，是人間不斷的相殘害，這正是仁者所要去除的。

墨子認為，人間的種種弊害起因於「不相愛」。因為不相愛，所以國與國之間會互相征伐，士大夫的氏族也會為了利益相篡奪，人與人之間也因此殘害著彼此。我們可以發現，墨子對社會亂象的描述與原因的分析，都是從國、家再到個人，這種層層推進的思維理路，除了能增強說服力，也代表他認為不同的社會階層（國與國、家與家、人與人）間，紛亂的原因都是一樣的。

問題的起源一致，解決的方法自然也適用同一原則，此即墨子所謂的「兼相愛」。墨子認為必須用「兼」來取代「差別」，無論國、家或個人，只要對待他者皆如己出，那麼所有的紛爭就可以止息了。「兼愛」的理念，顯然與宗法制度底下憑藉關係的親疏遠近來對待彼此大異其趣，這也是墨家學說與儒家學說在處理倫理問題上最大的歧異。

值得注意的是，墨子提出的「兼相愛」，是與「交相利」並列的，這不但說明了仁者所欲興起的「天下之利」必須透過「兼相愛」來實現，也說明了墨子是透過「利」的概念去理解「相愛」的。為了實現社會的和諧，「利」是無法迴避的問題，畢竟利益是人們安身立命的依據。墨子非常重視公共利益，認為那是天下大義所在，所以他也明確主張「義，利也。」然而，墨子把所有的問題歸諸於「利」，也就把「兼相愛」的意義限定在「天下之大利」，這顯示出了墨子思想的特點。（提問 c）

墨子的思路是先著眼於有問題的「現象」，再找尋原因，進而提出改變現狀的方法。在墨子看來，「目的」優先於動機，社會的和諧運作才是最重要的，至於社會中每一個具有差異性的人，如何感受、思考，並不是墨子思考的重點。因此，墨子對於「相愛」的討論，也就僅止於「天下之大利」，至於人們行為判斷的動機，甚至於「愛」的內容為何，這些問題墨子都

並未深論。

這樣的說法與周王朝立國的精神並不相同，也與傳統的儒家思想有別。從這個角度來說，墨子的思想是具有開創性的。但必須注意的是，社會是由人所構成的，若只專注於群體互動在表面上的安定，可能會忽視人在不同的事件脈絡中的具體感受。周人期待的社會和諧，需要透過人在不同的社會位置上盡各自的義務。而墨子期許的社會秩序，是消泯了一切差別對待之後，人對彼此皆「一視同仁」的狀態。這在實際執行上有許多需要進一步探討的問題，更進一步說，這個主張若確實得到實踐，是否就是最理想的生活方式，也值得我們追問。

人們共同生活的目的是為了追求「群體的最大利益」嗎？如果我們找不到理由否定這個論述，那追求最大利益是否就成了人的一種義務呢？確實，人在追求私利時傷害了他人，是墨子所不認同的，但人在追求私利時，是否必然與公利相衝突，必然會導致互相傷害的結果呢？

墨子選擇擱置個體差異性的問題，直接要求人們追求社會的最大利益，將問題的解方訴諸更大的社會框架，以公利為先，難免忽視了個體的感受差異。

其次，儘管墨子本人能夠一視同仁地對待他人，這樣做是符合人情事實的嗎？

子曾經學習孔子與儒家的思想，後來成為墨家學派的創始者與領袖。相較於儒家學說，墨家的學說在很多地方更富有一般平民或者勞動者的色彩。在戰國時代，墨家學說與儒家學說曾被並稱為深具影響力的「顯學」。墨子與墨家學派的思想保存在《墨子》書中，由墨學的門徒們編輯、增補而成，其中重要的主張包含兼愛、非攻、天志、明鬼、非命、非樂、節用、節葬、尚賢、尚同等等。另外，《墨子》書中有幾篇合稱為《墨經》或者《墨辯》，內容涉及到邏輯學、幾何學、光學、力學等等，是研究中國古代科學史的重要材料。

提問 c：根據這段文章，墨子如何看待「利」與「義」的關係？另外，《論語》中有句話說：「君子喻於義，小人喻於利。」這句話對於「義」、「利」的觀點與墨子的主張又有什麼區別？

公利與私利未必若天秤兩端，只能權衡取其一，若純粹捨棄任何一方，都必然帶有危險性。二者如何協調平衡，是一個歷久彌新的課題。

第二節：人在社會情境中的多重角色

有別於墨子追求公共利益最大化的思路，儒家在行為的判斷準則上更重視個體的真實感受。我們在上一單元討論人性問題時，就提到孟子認為人與禽獸之區別，在於人不僅考量事件的效益，更須正視心中判斷是非的道德意識。在儒家看來，墨子的主張並不是解決問題最好的方式。

進一步來說，隨著文明的發展，人在社會中的關係也會越來越複雜，一個人可能同時具備著多重身分，每個身分都有不同的權利與義務。儒家重視人的判斷，也討論到人在社會中面對的複雜情境。然而，當人的多重身分間發生衝突時，該以哪一個身份位置為優先考量，這樣的「角色衝突」會直接影響行動的抉擇。（提問 d）

社會問題與每個人行動時所依據的價值觀有直接的關聯，如果直接給定某一套標準，透過更高的規範框架來消除衝突，擱置個體間的差異，確實是最直觀的解決方式，上一小節的墨子即是如此。然而，個體間的差異並不見得必然是個人的私慾所造成，也可能牽扯到人的身分問題，這部分與社會的結構脫不了關係。思想家在面對社會問題時，固然可以選擇直接提出解方，但這樣的主張是透過社會的現象分析而來，未必能釐清具體的問題癥結。

社會畢竟由人所構成，若要從更深層的社會結構進行反思，就必須重視人與人之間複雜的身份定位與互動關係。儒家採取的就是這種做法。

人在複雜的社會情境中產生了角色衝突，也容易引發道德難題（BOX5），在那種衝突的情況底下，可以令人反思道德抉擇的優先順序以及背後的價值取向。《論語．子路》中就有一個經典的道德難題：

文本選讀

3-2-1

葉公[18]語孔子曰：「吾黨[19]有直躬[20]者，其父攘[21]羊，而子證之。」孔子曰：「吾黨之直者異於是。父為[22]子隱[23]，子為父隱，直在其中矣。」（提問 e）

注釋

18 葉公：中國春秋末期楚國的政治家、軍事家。葉，音ㄕㄜˋ。

19 黨：鄉黨，指家鄉。

20 直躬：行事正直。

21 攘：偷盜。音ㄖㄤˊ。

22 為：替。

23 隱：隱瞞。一說為「檃栝」（音：ㄧㄣˇㄍㄨㄚ），檃栝原為矯正曲木的工具，引申為矯正。

章旨詮釋

這段文字的大意是說，有位叫做葉公的人告訴孔子「我家鄉有個正直行事的人，父親偷羊，兒子告發了他。」孔子說：「我家鄉正直行事的人不同：父親為兒子隱瞞，兒子為父親隱瞞，正直就在其中了。」文章中的「躬」原本是身體的意思，「直躬」就是「以直道立身」，語意近於「正直」。在葉公的家鄉，被認為以直道立身的「直躬者」，證實了父親的罪行，但孔子家鄉同樣被認為是行直道的人，卻採取了相反的行動。

在一般情況下，偷竊與隱瞞都是不好的行為。作為偷羊者的兒子，如果證實父親的罪行，確實能夠讓不好的行為得到懲罰，但卻對父子之間的關係造成了傷害。如果替父親隱瞞，那就違背了社會對於正直的期待，這樣的行為可能也有問題。

葉公與孔子都談論著「直」，但他們對「直」存在著不同的認知。即便他們使用的是同一個詞彙，但想要表達的意義，

提問 d：請以你自身直接或者間接的經驗，舉出一個「角色衝突」的實例。

提問 e：選讀文本中的「隱」字，有「隱瞞」以及「矯正」兩種解釋。請先分別說明兩種解釋如何影響文句的意思，然後思考：哪一種解釋比較好？為什麼？

BOX5 道德難題（moral dilemma）：或稱為道德兩難，是一種道德衝突的情境。由人在其中作出的抉擇，可以看出他的道德認知以及道德推理的發展階段。這些道德兩難的問題沒有「標準答案」，甚至也沒有「最佳」或者「較佳」的解答。然而透過對各種情境的討論與檢視，人可以提高自己道德判斷的能力，更加自覺到自身的價值取向，更清楚地意識到個人生活與公共生活中可能產生的衝突與解決之道，也可能更體貼每個作出選擇的人，理解他面臨的困境，而非直接用某個道德框架加諸其身。

卻可能不盡相同。葉公是著眼於「偷竊」這件事情的是非，得出應然的處置方式，以此界定他心目中的「直」。但孔子更在意的是「父子」這項關係的事實，他以父與子相對待的原則，作為「直」的根據。

值得注意的是，根據學界考證，「隱」字的解釋可能有另一個意思：檃栝。檃栝是古代用來矯正曲木的工具，在這裡就解作「矯正」的意思。如果採取這個解讀，那麼這裡孔子指的就是父子之間設法對對方行為加以規勸矯正。由此可以開展出另一個討論面向：在葉公看來，「其子證之」是由兒子證實父親之罪行，訴諸法律來解決。但孔子在此卻不討論法的問題，而更重視親族血緣之間的行為約束。這樣的觀念，也突顯了孔子重視「禮」之功能大於「法」之效應的思想特質。

無論採取哪一個解釋，我們都不能據此認為孔子認為「偷竊」是正確的行為。事實上，孔子在意的，是如何更周全的思考處理這件事情的方式。葉公只就事件本身考量，孔子卻同時考量了事件與角色關係。從這個角度而言，「子為父隱，父為子隱」並不意味著孔子認為偷竊是可以接受的行為，只是他更在意的是如何因著人在不同的關係中所擔負的情感與義務，去調整行為的判斷準則。

因此，與其說這段文字討論的是偷竊與隱瞞（或者「矯正」）兩者孰是孰非，不如說是父子在面對彼此偷竊時，公正舉發或以關係原則來處理，何者才是更適當的方式。偷竊的行為破壞了社會秩序，如以公共利益為更重要的價值考量，就會選擇證實對方的罪行；然而，如果更加重視親族血緣關係及情感，則會選擇替對方隱瞞，或是在「家」的私領域中矯正彼此的行為。此處差異反映了兩種不同的價值觀，一者以社會為重，一者更重視家庭倫理，這是公領域 (BOX6) 與私領域孰重孰輕的問題。

孔子選擇了更貼近人性的角度來理解所謂的「直」，更加重視親族血緣間的情感與義務，與前一節墨子提出的「兼愛」，有著根本上的差異。

產生這個差異的根源，在於是否重視關係與角色的差異性。這一點，《孟子．盡心上》中展開了更尖銳的討論。(提問 f)

文本選讀

3-2-2

桃應 24 問曰：「舜 25 爲天子，皋陶 26 爲士；瞽叟 27 殺人，則如之何？」孟子曰：「執之而已矣。」「然則舜不禁與？」曰：「夫舜惡 28 得而禁之？夫有所受之也。」「然則舜如之何？」曰：「舜視棄天下猶棄敝蹝 29 也；竊

負而逃，遵海濱而處，終身訢30然，樂而忘天下。」（提問g）

注釋

24 桃應：孟子的弟子。

25 舜：中國上古時代傳說中的五帝之一，相傳受禪讓於堯，是許多思想家心目中典型的聖王。

26 皋陶：舜帝與夏朝初的一位賢臣，傳說曾被舜任命為掌管刑法的獄官之長。

27 瞽瞍：傳說中舜的父親。瞽是眼盲的意思，有人據此認為瞽瞍是盲人。

28 惡：如何、怎麼。音「ㄨ」。

29 蹝：同「屣」，鞋子。

30 訢：同「欣」，歡喜。

章旨詮釋

桃應是孟子的弟子，有次他問孟子：「舜是天子，皋陶是執法的獄官長，如果舜的父親瞽瞍殺了人，那（皋陶）該怎麼做呢？」孟子就回答他：「依法逮捕就是了。」桃應追問：「那麼舜不會禁止（皋陶這麼做）嗎？」孟子則說：「舜又怎麼能禁止呢？這是有所受的啊！」（這句的意思大致可以解讀為，這樣的律法是承襲下來的慣例，不能任意違背。）桃應又問：

BOX6 公領域（public sphere）：或稱公共領域，與私領域（private sphere）相對。這裡說的公領域指的是與公共生活或公共權利相關的事務，與政治、社會有關；相對來說，私領域指的是個體免於受到政府、國家或者其他社群干擾的生活領域。

提問 f：閱讀完這小節的選讀文本與章旨詮釋之後，試著說說看：文本情境中由於角色衝突而產生的「道德兩難」指的是什麼情況？而葉公與孔子的主張分別呈現出怎樣的價值取向？

提問 g：往下閱讀章旨詮釋之前，試著根據這則文本的內容，說明舜所面臨的道德兩難處境是什麼？

「那麼舜又該怎麼辦呢？」孟子最後說：「舜要捨棄天下，就跟拋棄壞掉的舊鞋子一樣。偷偷的背著他的父親逃跑，到一個海邊躲起來，一輩子快快樂樂，就這樣忘卻天下。」

在這段故事裡，沒有提到舜是否該為父親隱瞞的衝突，衝突發生在另外一項可能的抉擇上：身為領袖的舜可不可以（以及應不應該）運用身分所賦予的權利去干涉公共事務的運作？孟子看來，舜也完全沒有理由用領導者的權力阻止父親伏法。舜面臨了這樣一個困境：身為天子，應當依循法律，但父親將會為此付出代價的；身為人子，必須顧及與父親間的親族義務與情感，豈能眼睜睜看著父親伏法。

孟子給出的答案也十分有意思，他讓舜偷偷背著父親逃走，捨棄了國君這個身分。這個答案看似取巧，其實也說明了若舜不能抽離己身於公領域的身分，必然無法規避責任，那麼這個問題仍舊無法被解決。

與前面的《論語》相同，此處所面臨的問題，依然是社會與親族間的取捨。但舜的身分更為特殊，他是代表國家的天子（當然這裡的「天子」是孟子時代所使用的，舜的時候並沒有周代「天子」的概念，孟子以後的時代「天子」的概念也不全然與當時相同），在這樣的框架下，他的所作所為都不應該是自私、利己的，在某些時候，可能還會要犧牲自身的慾望、利益甚至情感認同。

從理路上來看，桃應提出的問題，可以被視為《論語》「其父攘羊」的延續。孟子在立場上與孔子相同，當親族間的情感與公領域的規範衝突時，傾向於肯認前者的價值。不過，這一則《孟子》，更進一步透過舜在「家」、「天下」中不同的身分，強化了問題的張力，讓個體面臨價值衝突時的抉擇更加艱難。最後，舜只能夠回到「人子」的身分「竊負而逃」，取消了多重身分造成的困境，否則並無法解決這個兩難的局面。

這樣的情境假設，透過人在不同結構中身分的變更，突顯了人在社會中諸多行動抉擇考量因素的複雜性。當然，從實際情況來說，若天子真的面臨類似的困境，是否真的會竊負而逃、拋棄天下，不免令人存疑，但這並不是孟子思考的重點。

道德困境之所以值得被討論，原因在於它造成不同價值的角力，開啟了豐富的對話空間。畢竟，何謂正義、孰是孰非，絕對不是任何一套價值標準能輕易決定的。

我們或許可以說，孔子與孟子接受周人禮樂、宗法的精神，因此相較於訴諸法律的公共利益原則，他們選擇以家庭的價值為優先。從儒家的立場來看，若社會

體制是為了提供人們安居樂業而存在，那麼人的真實感受，或許仍該受到相當程度的重視。但不可否認的是，他們並未直接解決「社會」問題。確實，在人所組成的社會中，若缺乏公共的準則，每個人照著自己的私心與觀念做判斷，有可能產生偏私與不公的結果。從這個角度而言，我們可以發現儒家思想的核心，終究是人性的內涵，他們在意的是人心的應然價值，以及人們做出抉擇的動機，而不是著眼於結果，求社會體制永續的利益。（提問 h）

第三節：
社會存在的意義與反思

我們從墨子、孔子與孟子的思想，看到在思考社會的秩序與和諧如何建構的過程中，涉及公利與私利孰輕孰重、個體在社會中的多重角色等等問題。這些主張所圍繞的核心問題，都是「社會如何維繫秩序與和諧」。古代的思想家們因著當時所面臨的征伐與紛亂，而開始思索實現理想社會的途徑。也就是說，他們對於人類社會的看法，存在著一個前提：人們可以在社會中找到一種理想的生活模式。

但若回到問題的起點，我們也可以反問：社會的存在是必要的嗎？

莊子（BOX7）探討群己關係正是從這個

提問 h：這段文字如何評價孔、孟、儒家的「公共」觀？試著說出你的理解。

BOX7 莊子（約西元前 369 年 - 西元前 286 年）：名周，戰國末年宋國人，與老子並稱為中國道家思想的代表人物。莊子曾經擔任過漆園吏，據傳楚王也曾經派人邀請他擔任宰相，但他寧可過樸素而自由的生活，拒絕了楚王的邀請。莊子的思想重視「自然」，認為人應該要泯除自身的成見，超越私我慾望與理智的障蔽，才能達到精神的全然自由。現存《莊子》書分成「內篇」、「外篇」與「雜篇」三部分，一般同意「內篇」的七篇以及〈天下篇〉為莊子所作，其餘則是莊子後學闡述、發揮他的思想。《莊子》在書寫上最大的特色就是用具體的形象寓言表達抽象的哲理思辨，在哲學思想與在文學、美學方面展現了非凡的造詣與啟發性。

問題切入的。歷史是人類生活的經驗，而文化是人文精神的展現，人們對於理想生活的想像，往往是從歷史與文化中提煉出來的。人類雖然建構了璀璨的人文世界，但也隨之引起了種種征伐與紛亂。人們總想著在文化中找到重建和諧的思想資源，卻可能忽視了這個世界的混亂，也是從人類的文化中產生的。因此，莊子試著提出一個更重要的問題：想要追尋理想的生活方式，有沒有一個更高的原則？

莊子認為，在人類創造的文化之上，存在著一個更具普遍性的真理，他稱其為「天」。人遵循著天的法則，安於自然的變化，順應生命與天地互動時的感受，便是最理想的生活方式。

因此，他提出人應該要「忘」與「化」，跳脫人類建構的種種價值判斷，投入天地大化的懷抱，這不但是人與人互動最理想的方式，也是生命最美善的樣貌。關於這個說法，我們可以看看《莊子·大宗師》裡的這段話：

文本選讀

3-3-1

死生，命也，其有夜旦之常，天也。人之有所不得與，皆物之情 31 也。彼特以天爲父，而身猶 32 愛之，而況其卓乎！人特以有君爲愈乎己，而身猶死之，而況其眞 33 乎！泉涸，魚相與處於陸，相呴以濕 34，相濡以沫 35，不如相忘於江湖。與其譽堯而非桀，不如兩忘而化其道 36。（提問 i）

注釋

31 物之情：萬物的實情。情，實也，指事物的真實狀態。

32 猶：尚且。

33 真：此處指道而言。

34 相呴以濕：互相哈氣使對方濕潤。呴，張口出氣，音ㄒㄩˇ。

35 相濡以沫：互相吐口沫以濡濕。濡，浸溼，音ㄖㄨˊ。

36 兩忘而化其道：忘卻兩者的對立，而與道融為一體。這裡的「忘」是強調超越二元對立的價值思維，而「化」是指去除成見、順應自然。

章旨詮釋

死與生都是生命中必然會發生的事，就像黑夜與白天之於這個世界，這些都是自然而然的。這些屬於「命」與「天」主宰的事情，是事物最真實的樣貌，並非人力所能左右的。「命」在這裡是強調事理之必然，而非人的意志所能干預；「天」在這裡強調自然的作用，亦非人力所能改

變。人的一生只能順應生死的循環，而日與夜的交替運轉，也構成了人們生活的規律。莊子認為，這便是世界運行的原則。

當然，莊子提出這些說法的目的，並不只是用以描述自然現象，也包含了他對社會問題的看法。當人們論及社會問題時，往往以人意為依歸，例如認為國君的能力優於眾民，因而樂於為其效命。但若「天」才是世界運行最根本的原則，只依循人意，就必然是有所不足的。

人文精神的可貴之處，正在於人類能夠不受環境的限制，展現種種創造性與理想性，建構一個獨立的生活世界。將人文與自然的原則視為一體，認為社會問題也應遵循自然的法則，正是莊子思想的獨特之處。在這裡，「人文」與「自然」並不是對立的，而是相互成全、無法分割的。為了說明這個立場，他又用了一個譬喻，說明人類解決社會問題的方式往往是徒勞無功的。

莊子說：當泉水乾涸了，生活在其中的魚群在陸地上奄奄一息。為了生存下去，魚群努力吐氣、用自身的唾沫濕潤彼此，這當然是不合常理的做法。與其如此，不如生活在水域浩瀚的江湖之中，有無窮無盡的水源，魚群們沒有生存的危機，也就不必掙扎求生，而至於發展出「相呴以溼，相濡以沫」這種毫無益處的解決方式。

提問 i：在這段文本中，莊子透過「不如相忘於江湖」的類比，是想要說明什麼觀念？

莊子想說的是，每當社會出了問題，人們總是回歸文化的經驗，從既有的選項中找尋解決問題的方式，像是以堯為正面典範，以桀為負面教材，遵循這樣的價值判斷，歸納出行事的原則，希望以此消除社會的亂象。但莊子認為，這就好比魚群放棄了廣大的江湖，把自己侷限在狹小的水域之中，甚至在泉水乾涸以後，仍窮盡一切力量延續著生活的慣性，殊不知那根本就不是原初的理想狀態了。這就像是人們在社會發生危機之時，以既存的社會道德與倫理相互扶持，企圖回到原本安居的生活。卻未曾想過，執著於延續人類社會的價值典範可能也是極其有限的，或許並無法改善人類生活最根本的問題。因為在人的思想與生活慣性之外，也許存在更理想的生活方式。（提問 j）

更進一步來說，魚群之所以協助彼此存活，是因為失去了賴以為生的水分；人類之所以崇尚道德價值，是因為生命最關鍵的原則喪失了。這兩種情況的相同之處，即是「捨本逐末」。那些人們所追求的，甚至奉為圭臬的價值，或許反而侷限了自己實現美好生活的腳步，從一切行動的出發點上，就已經與真實的宇宙大道分道揚鑣了。

因此，莊子認為「不如兩忘而化其道」。人一旦依循著某個價值原則，便會生出種種是非、好壞等二元對立的價值判斷。但若預設的價值原則已經有所侷限，那循此而生的各種判斷，也就不會是最究竟的。

莊子所謂的「兩忘」，指的就是跳脫各種二元對立的判斷，而更根本的是，脫離原本信以為真、終生秉持的價值原則，過著一種隨順自然推移而應變自在的生活，這便是所謂的「化其道」。

莊子反對人們把人際互動原則當做最本質、不可動搖的真理來實踐，從這個角度來說，莊子對人類社會的關係網絡提出了強烈的質疑。墨子、孔子與孟子討論群己關係、社會秩序時，仍以「社會」的存在為必要前提，莊子則不認為「社會」必然是理想生活的基礎，他自重建社會秩序的途徑中轉身看見更本質的問題：什麼才是更理想的生命樣貌？

但從另一個角度來說，即使人們過著隨順自然的生活，生命的延續仍然需要人與人之間的互動與合作，這些行動需要言語的溝通，而語言延續了人們的生活經驗，記錄了歷史，再積澱而成文化。這樣的生活方式自然形成一種互動的生態與結構，也就是我們所謂的「社會」。因此，社會的形成似乎仍是不可避免的。

莊子確實反對違反自然、限制了更多可能性的社會體制，反對以此建構的種

種僵化價值原則。然而，莊子是否完全反對社會的存在？這仍是一個值得思考的問題。或許可以說，莊子更希望反省的是社會產生的基礎，提醒人們不要在問題之中找答案，而該試著回到一切思考與行動的最初，尋找批判與再生的力量。

最後替這個單元作結論。本單元嘗試呈現的，是思想家們面對社會問題時依循的多元思路，從《墨子》對公共利益最大化的追求，到《論語》與《孟子》思索個體在扮演不同角色時的道德難題，最後論及《莊子》對社會本質的反思，這些都有助於我們以更廣闊與細膩的視野，思考理想的生活樣貌。當然，建構社會的秩序，需要思考的絕對不只這些面向，但透過本單元的介紹，我們可以發現，社會問題的討論儘管多元，但都無法脫離一個最根本的前提：社會的意義不能被化約為抽象的人性概念，構成社會的，是真實生活中的各種人際互動。而這些思路探討的是人與社會的互動問題，根源於群己之間的對待關係所產生的衝突與妥協。

提問 j：根據這一段文字，解釋為什麼莊子說「相呴以濕，相濡以沫，不如相忘於江湖」。試著以生活中的例子，說明你的體會。

問題與討論

1. 根據本單元第一小節的內容，比較墨家的「兼愛」與儒家「有等差的愛」，然後說明你比較認同何者，陳述你的理由。完成下表：

	墨家：兼愛	儒家：有等差的愛
概念澄清		
優點列舉		
缺點列舉		
立場表述	我比較支持　○墨家的「兼愛」　○儒家「有等差的愛」 因為：＿＿＿＿＿＿＿＿＿＿＿＿＿＿＿＿＿＿＿＿ ＿＿＿＿＿＿＿＿＿＿＿＿＿＿＿＿＿＿＿＿＿＿＿ ＿＿＿＿＿＿＿＿＿＿＿＿＿＿＿＿＿＿＿＿＿＿＿	

2. 進一步思索「個人利益」與「公共利益」的關係：重視個人的自由與利益，這與「利己」的主張是一樣的嗎？追求個人利益一定會損害公共利益嗎？另一方面，國家的政策在制訂時，應該以公共利益為最高價值嗎？如果是，這個「公共利益」又該如何被界定呢？針對這些問題，提出你的觀點，並且與同學互相討論。

3. 根據本單元第二節的定義與說明，設想一個由於角色衝突而導致的「道德兩難」情境，而這個情境必須是可能出現在你的生活經驗當中。然後根據你對於單元內容的理解，分別想像墨子、孟子與莊子在面對那個兩難情境的時候，可能會有的反應或者抉擇是什麼？簡單寫下來，然後跟同學討論。

道德兩難的情境	

墨子的反應或者抉擇	
孟子的反應或者抉擇	
莊子的反應或者抉擇	

4. 請先搜尋紙本或網路資料，思索什麼是「義務」？然後根據你的理解，回答以下問題：
   (1) 什麼是「義務」？想要建立和諧的群己關係，「義務」是必要的嗎？為什麼？
   (2) 墨子說的「兼愛」，可以成為一種義務嗎？
   (3) 孔子說的「其父攘羊，其子證之」，涉及到義務嗎？
   (4) 莊子說的「不如兩忘而化其道」，能視作義務嗎？

5. 假設下文是一位同學讀完本章之後的心得感想，仔細閱讀之後，提出你的評論：「時代的演進促成人與人之間更頻繁的交流，這讓以個體為中心而向群體擴張的同心圓，一步一步擴大到新的層次。每一次向外擴張，都必須面臨新的問題與挑戰，而回應這些的基礎，很可能一直都存在人們最初的互動模式中。回歸古老的文獻，是為了讓我們在面對時代變局的同時，能夠一面向外探求新的可能，也一面向內思索更本質的問題。這些思辨的過程，對每一個當代公民來說都是重要的。」

第四單元

公共領域的構成與治理

公權力的存在對於人民的生活有什麼意義？

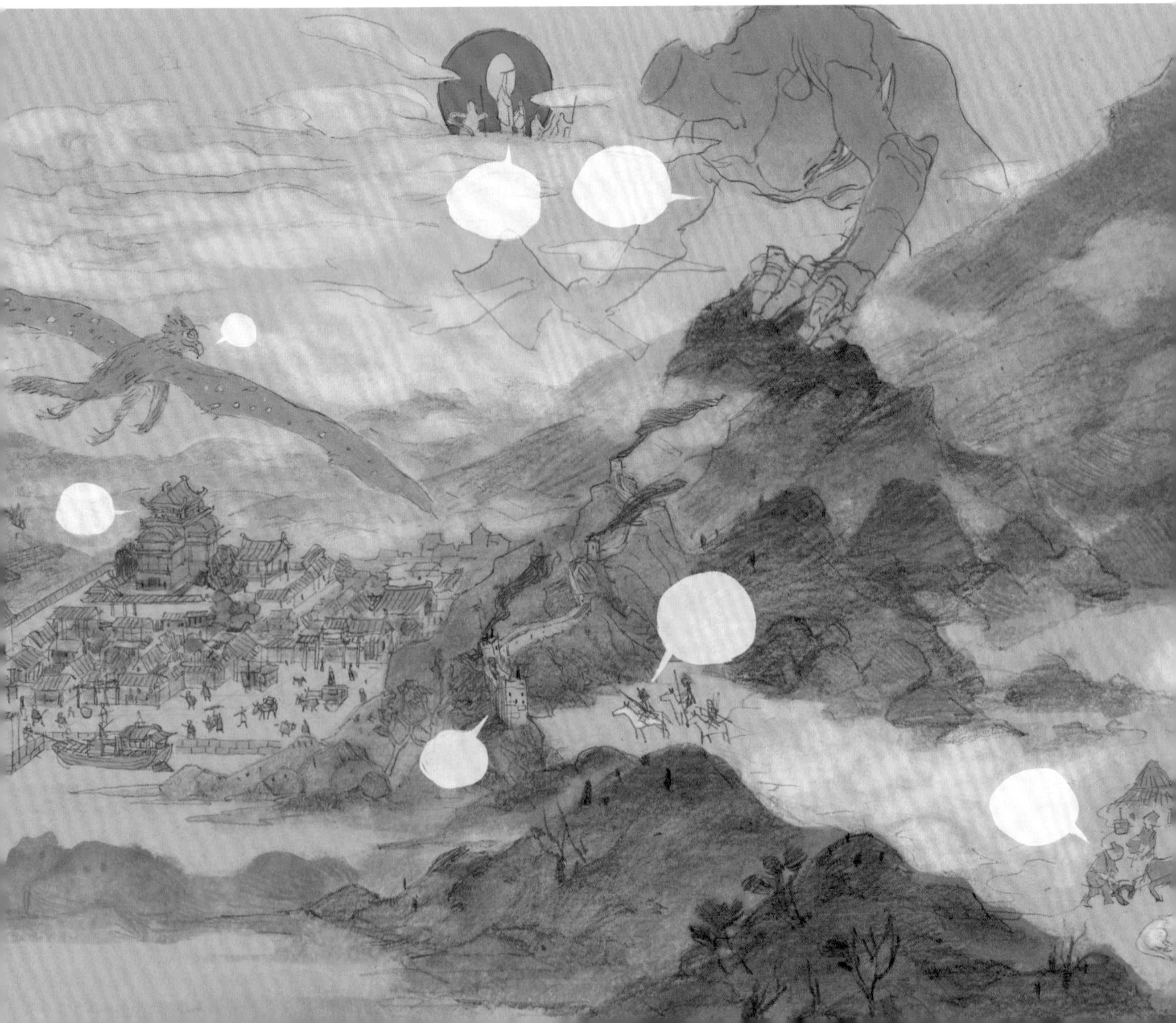

導言

上一個單元討論的主題是社會的結構與本質，希望呈現的是人們在社會自我安頓或者建構秩序的過程中，面臨的種種困境與思索。社會由眾多個體所構成，個體間的互動推動著社會的運作。社會不僅是人們生活之處，同時也是人們實現理想的舞台。就此而言，人們在社會中過著兩種不同層次的生活：

一方面，為了生命的存續，人們互相依賴、分工合作，形成了各種組織及互動網絡。不同的人際網路形成不同的社群，為了維繫秩序，這些社群各自擁有不同的身分劃分（如父子、兄弟、師生、上司與部屬等等），這些倫理分際構成了社會運作的圖像，人類的文明也由此得以延續，這是上一單元所談論的問題。

另一方面，人們除了滿足生命所需之外，也能藉由思考能力想像、建構更好的世界，這也是人文精神的一端。此時人們所關注的不再是一己生命的存亡，或者家族、社群的利益，而是整體社會的價值與福祉。人們透過溝通與合作，建立起人類社會獨有的公共領域，並在思索如何治理公共領域的過程中，產生了種種政治制度與政治理論。隨著文明的演進，人們創造了許多不同類型的政治體制與政治概念（如專制、民主、平等、自由等），人們對於公共領域有不同的認知，因而對於權力機制、治理原則與國家藍圖有不同的想法，社會秩序更透過這些政治制度來實現。（提問 a） 延續上一個單元對群己關係的討論，以下所要介紹的，就是中國古代對政治的思考。

這個單元分為三個部分：首先，我們從戰國時期孟子、韓非子的說法，看見中國古代君王制度下不同的政治理念。而他們對君王所應當扮演的角色有不同看法，背後也預設了不同的政治關懷與價值思考；接下來，我們將介紹南宋時期朱熹與陳亮的辯論，他們對於實現社會秩序的進程有不同的看法，隱含了對社會利益的不同認知；最後，我們將回到春秋時期，從老子對政治制度的反思中看見更本質的問題，將政治的意義拉回更根本的層次，由生命如何安頓的問題重新展開思索。

第一節：中國政治思想的人治色彩

對民主社會來說，政體的運作當然不能仰賴個人之力，而必須有穩定且合理的法治作為基礎。今日的法治思想不要求人民擁有完美的人格，而是希望透過溝通與協商，合力建構完善的制度。然而，在沒

有公民參政意識的古代中國，政治的運作以君王為核心，要實現理想的社會藍圖，只能期待理想的君主出現。因此，古代思想家的社會願景建構，往往以君王的人格為基礎，這是「人治」或者「德治」的概念。思想家們心目中的理想君主形態各不相同，也因著這些差異，各個思想家在看待君主與人民之間的關係時，亦有不同的價值期待。以下，我們以孟子與韓非為例，試著透過不同的君民關係想像，開啟相關的討論。

孟子的政治主張可以「仁政」概括，〈公孫丑上〉載：「人皆有不忍人之心。先王有不忍人之心，斯有不忍人之政矣。以不忍人之心，行不忍人之政，治天下可運之掌上。」不忍人之心是君王「仁心」的表現（孟子也稱其為「惻隱之心」），孟子認為君王以仁心行仁政，即可安頓天下的秩序，君王之「心」與天下之「政」在此是不可分的，政治問題皆在君王的心念之間安排、解決，人民並不參與政治的溝通與協作過程。

孟子又吸收了以《尚書》、《左傳》為代表的古代政治觀念，有力申明了「民本」的主張，如其在〈盡心下〉中所言：「民為貴，社稷次之，君為輕。」

社稷是祭祀的場所，在中國古代，祭祀除了具有尊天、敬祖的意義以外，也象

提問 a： 你認為社會、國家、政府和公共領域這些概念有什麼不同？

徵著政權的合法性。雖然孟子認為人民才是國家的根本，這看似與民主政治的理念相近，但在孟子的思想中，顯然不存在一般平民取得執政權的機制，人民的意志也並非君王施政的基礎。換言之，君王與人民之間的關係紐帶，並非源於公民與政府訂定的契約。（提問 b）

孟子認為政治的運作依賴君王的「不忍人之心」，人民之所以認同其統治，則源自君王道德人格的感召。這樣的觀念，可見於〈離婁上〉這段文獻：

文本選讀

4-1-1

孟子曰：「桀紂之失天下也，失其民也；失其民者，失其心也。得天下有道1：得其民，斯得天下矣；得其民有道：得其心，斯得民矣；得其心有道：所欲與之聚之，所惡勿施爾也。民之歸仁2也，猶水之就下、獸之走壙3也。」

注釋

1 道：這裡指方法。

2 歸仁：歸附仁德。

3 走壙：跑向曠野。走，跑。壙，曠野，音ㄎㄨㄤˋ。

章旨詮釋

孟子在此解釋政權得失的原則，並以歷史上著名的暴君（夏桀、商紂）為例。孟子認為，暴君之所以失去天下，是由於失去「民心」的緣故，而民心的向背是君王是否得到天下的關鍵。君王以「仁心」治國，而百姓之心因此傾向於君王，這就是孟子理想的君民關係。換言之，孟子認為，政治的運作是由君王之心與百姓之心的聯繫所構成的。（提問 c）

因此，君王得到民心的方法，便是得到天下的方法。孟子認為，君王要得到民心，必須做到「所欲與之聚之，所惡勿施爾也」。意思是說，人民想要的便設法給予人民，人民厭惡的則千萬不要施加於人民身上。孟子認為，君王只要能夠將心比心，以此施行仁政，便能成為民心所歸，最終得到天下。對孟子來說，這種君民之心的聯繫與共感是生而為人的本性，只要君王施行仁政，對於人民的感召力便猶如水往低處流、野獸奔向原野一般自然。孟子之所以用「天性」解釋君民的互動，是要為君王找到萬無一失的施政標準，所以孟子認為君王以「仁心」施政，治理天下也將易如反掌。

不難發現，孟子的政治主張，相當依賴人的感受與判斷，這或許也是他以「不忍人之心」為施政前提的原因。孟子期待

君王並不會基於私欲，而是基於諸如「惻隱之心」的道德本能來施政。從今日的眼光來看，這種政治理念在實踐上變數極大，畢竟一般人好惡無常，領導者也難免私心，唯有具備完美人格的君王，才能堅持公共的正義與價值。人治過度依賴執政者個人的修養，而不是訴諸相對穩定的制度。

然而，即便君王達到了如此高標準的期待，我們不免還是要追問，人與人之間的好惡與是非，是否真如孟子所認為的一致？在今日看來，每個人因為家庭背景、生命經驗與當下所處的情境不同，對於事物的好惡與判斷也隨之而異。將執政標準訴諸君王之「仁心」，難免會忽略人民是一個複雜多元的群體，有著各種不同的需求與好惡，而這些都難以被化約為君王個人的感受及判斷。或許可以從現實的眼光這麼看，在孟子的學說中，「民心」僅是扮演制衡君王專斷獨裁的存在，並不具有實際的意義，由於孟子關心的並非權力機制的制定原則與執行效能，政治對他而言仍是個人道德的延伸。

這一節第二部分要介紹的另一位思想家是韓非（BOX1），他的政治主張是以君王為核心，藉由君王集權與有效的統御管理，達成國家的富強。與孟子不同，「以法治國」的觀念大量出現在韓非的政治論

提問 b：你認為孟子這裡所謂的「民本」，是否意味著統治的正當性，需要取得人民的同意？或者「民本」精神被提出來，更重要的目的在於要求君王的人格與道德，而與人民的意志無關？

提問 c：回顧一下第二單元討論過的人性問題，孟子對於人性的主張是否可以作為此處政治思想的基礎？說說你的看法。

BOX1 韓非（約西元前 280 年 - 西元前 233 年）：戰國末期韓國人，法家思想的集大成者。韓非吸收了在他之前商鞅、申不害、慎到等人的治國之術與管理之法，提出了一套以富國強兵為目標的集權政治方略，著有《韓非子》一書。他與李斯同樣為荀子的學生，但在入秦遊說的時候，遭李斯害死於獄中。

述中，諸如仁、愛、忠、信這些在周王朝封建、宗法制度中被推崇的價值，都被韓非屏除在「法」的運作之外。韓非認為「明主，其務在周密」（〈八經〉），理想的君王必須盡可能隱藏自己的好惡與情緒，君王與人民的連結並不建立於人心的感受之上。從這個角度來說，韓非與孟子的政治思想有相當大的差異。

進一步來說，《韓非子．大體》明確指出「寄治亂於法術，託是非於賞罰」，國家之治與亂只能由法律的運作來決定，是非對錯的判斷，也由只能以法律的賞罰為標準。在公共事務上，由公開與統一的法律取代個人的價值判斷，法律一旦公布於天下，就連君王也不能任意違逆，這是韓非子的政治思想最鮮明的特色。

值得注意的是，韓非的主張與今日所謂的「法治」觀念並不相同。雖然君王必須以法治國，但這套法律的制定，並不包含人民的意志，也不存在任何公正的立法機制。對韓非而言，法律是君王用以統御百姓的手段，《韓非子．八經》提及「凡治天下，必因人情。人情者，有好惡，故賞罰可用；賞罰可用則禁令可立而治道具矣。」

君王利用人情之好惡制定賞罰的標準，人民因著好賞惡罰的天性遵守法律，社會秩序由此建立。

君王與人民之間的關係，僅透過法律的規範來維繫。（提問 d）

以韓非所處的時代而言，大部份君王在意的恐怕只是如何以賞罰統御臣民，延續統治權力，君民之間自然不存在對等的關係。顯然，這樣的主張與今日的法治觀念並不相同。試看《韓非子．八經》裡的這段文獻：

文本選讀

4-1-2

勢行教嚴 4，逆而不違 5，毀譽一行而不議 6。故賞賢罰暴，舉善之至者也；賞暴罰賢，舉惡之至者也，是謂賞同罰異。賞莫如厚，使民利之；譽莫如美，使民榮之；誅莫如重，使民畏之；毀莫如惡，使民恥之。然後一行其法，禁誅於私家 7，不害功罪 8，賞罰必知之。知之，道 9 盡矣。

注釋

4 勢行教嚴：君王的威勢得以施展，律法的統治手段嚴厲。

5 逆而不違：這句意謂儘管不順從民心，人民也不敢違反法律要求。

6 毀譽一行而不議：批評與讚賞完全依照法令執行，臣民就不會有所非議。

7 禁誅於私家：禁止私下誅罰。誅，懲罰。私家，私門，與官衙相對而言。

8 不害功罪：不妨礙對於有功之人的獎賞、對於有罪之人的處罰。

9 道：治國的方法。

章旨詮釋

韓非在這段文字裡，集中表述了君王運用賞罰帶來的效果。「勢」是君王的權勢，「教」指的是君王以法律進行的統治手段。韓非認為，君王以法律約束天下，終極目的在於使百姓對於法律定下的是非標準毫無疑義，並完全接受相應的詆毀與讚譽。「逆而不違」是這段文字中很值得注意的地方。韓非認為，君王必須嚴格執行法律的規範，即便違反民意，也必須使人民不敢違背，可見人民對於法律制定的內容，並沒有表達意見的權力。

韓非認為社會對於善惡的定義，來自於法律對於賢良、暴亂的界定，而法律的賞罰功能，對於推行善惡觀念具有最佳的效果。

從這個角度來說，韓非不從個人價值意識、真實感受討論善惡的內涵，他理想中的君王，必須以法律規範是非，以賞罰制約百姓，約束眾人之行為。

「賞同罰異」指的就是這個意思。君

提問 d：韓非主張「以法治國」，執行的策略上除了處罰之外還包含了獎賞，但現代法治社會中的法律，只規範了處罰，沒有獎賞。兩者對於「法律」和「法治」的看法有何不同呢？

王依法施行的褒賞、美譽、誅戮、批駁，都抓緊人民趨利避害的心理，以達到約束百姓的目的。韓非更指出，這樣的法律機制必須在社會各階層徹底推行，即便在遠離權力核心的大夫、平民之家的生活，也一律受其規範。一旦這樣的觀念深入到每一個人心裡，君王治理天下之道也就完善了。

韓非希望用最能收速效的方式解決社會問題，是以選擇以強硬的作為換取國家的秩序與安定，法律正是最強硬且乾脆的作法。然而，天下是由眾多的個體所構成的，人們對行為做出的選擇充滿變數。因為經驗與個性的差異，人們總能為自己的選擇提出合情合理的辯護。若要分別從每個行為的動機檢視，將難以輕易斷定是非。道德判斷無法離開特定情境，也無法忽略個體身分的差異，而社會上各種紛爭的產生，時常來自於立場差異所帶來的歧見。韓非選擇以明文客觀的法律消除歧見，某種程度也迴避了道德判斷的困難。

孟子要求執政者回到最純粹的道德判斷，期待的是完美的人格能夠召喚群眾的愛戴，也相信君王的仁心終將能夠安頓天下萬民，找到最適當的施政手段。韓非不以道德判斷作為施政方針，或許並未完全否定道德的價值，但他確實嚴格區分了道德與政治的界線。正因為人人都有獨特的立場與理由，是非判斷難有定準，需要經歷複雜的討論。因此，不如在道德之外訂立一個人人共同遵守的規則，無論個人感受與意志為何，都無法干預。

孟子論政治，從君王的「不忍人之心」推論「不忍人之政」，是相信人性良善的一面，終將為複雜的政治問題找到解答。從今日的眼光來看，這樣的思路忽略了個人的道德判斷仍有獨斷的一面，也可能帶來另一種暴力。韓非要求君王治理百姓，不再將人民的行為動機納入考量，僅依法律條文判斷行為的是非價值。然而人性雖有趨利避害的一面，但也不乏對他人的同感與體貼。韓非撇開道德判斷，尋求「以法治國」這種更為簡便的方法，君王不必再將人民的感受放在心上，更切斷了君王與百姓之間的情感聯繫，與孟子對照之下，是走上了另一個極端。

孟子的「仁政」與韓非的「法治」儘管有相當大的差異，但人民在他們眼中都不是政治行動的主體。反觀今日，我們認同民主政治，也認同法治的精神，每一個公民在政治議題中都是具有獨立人格的參與者。當我們參與政治時，我們不但是具有道德判斷的個體，也有各自的利害考量。帶著各自的道德與利益的我們，如何在個體的生命之上，追求公共領域中的理性對話、尊重多元並謀求共識，避免以偏

狹的道德框架限制他人，或者罔顧動機與人情，一味尋求統一的是非，都是值得我們不斷去思考與反省的。（提問 e）

第二節：道德價值與實際效益的權衡及衝突

延續前一小節所談到的，我們可以了解到，中國古代思想家們對政治的想像，基本上都以人治為基礎。就連傳統上被認為重視律法的法家人物，最核心的理念仍是希望透過君王治術來安頓社會秩序。

思想家的主張以人治為前提，各家各派之間的差異，也就建立在各自對於君主、上位者的不同期待上。每一位思想家心中都有一個理想的社會藍圖，而這個藍圖必須由理想的統治者來實踐。可以想見的，各個思想家所依據的價值必不盡相同，即便終極目標相近，在實踐次序上也可能有著各自的輕重緩急。當不同思想交會，嘗試論述理想如何被落實時，有些論辯也隨著發生。這一節，我們將以南宋大儒朱熹與陳亮的往來書信為例，帶各位看看這些價值差異所產生的討論乃至於辯論。

朱熹（BOX2）在中國的儒學史上占有舉足輕重的地位，南宋以後的儒學發展，基本上都圍繞著朱熹的思想展開。朱熹透

提問 e：根據這節所述，比較在孟子與韓非的政治思想中，「法律」與「道德」所扮演的角色有何不同。

BOX2 朱熹（西元 1130 年 - 西元 1200 年）：字元晦，南宋理學家，在學術與教育方面影響深遠，最重要的是他將《論語》、《孟子》、《大學》、《中庸》（後兩者原本為《禮記》中的篇章）合輯為《四書》，並且從理學的觀點加以詮釋古代經典，系統性地為它做集注。元代以後《四書章句集注》成為科舉考試的標準本，對學術思想與教育文化產生極大的影響。除了經典詮釋的著作之外，《朱子語類》是他與弟子的問答語錄，《近思錄》是他與呂祖謙合編的北宋理學家語錄，也都是認識儒學的重要入門著作。他的思想不僅影響中國後世，也影響韓國、日本，後世尊稱為朱子。

過詮釋先秦經典，提出許多主張，認為上位者在執政時最核心的價值源自「天理」。所謂天理，是人世一切行為的指導原則。在他的理想世界中，知識分子應當透過修養工夫，讓自己的所作所為能夠在各種情況下符合這套原則，依天理而行。

陳亮（BOX3） 亦是南宋有名的學者，有獨特的思想與主張，歷史上將其視為「事功學派」的代表。事功學派顧名思義，十分重視行事的效益與功利。他們在意行為的結果，在某些論述中，甚至會以成敗論人事。陳亮不滿於以朱熹為代表的學者專談義理原則，對歷史難題卻往往無能為力，他轉從客觀事功的角度出發，關心的是實際解決問題之法。

陳亮與朱熹曾在書信中展開激烈辯論，這一節我們挑選了二人對歷史人物，包含三代聖王、漢高祖、唐太宗等人的評價之爭，來看看這兩種價值觀的衝突問題。

這是陳亮寫給朱熹的〈又甲辰秋書〉，其中有一段提到：

文本選讀

4-2-1

自孟、荀論義利王霸 10，漢唐諸儒未能深明其說。本朝伊洛諸公 11，辨析天理人欲，而王霸義利之說於是大明。然謂三代以道治天下，漢唐以智力把持天下，其說固已不能使人心服，而近世諸儒，遂謂三代專以天理行，漢唐專以人欲行，其間有與天理暗合者，是以亦能久長。信斯言也，千五百年之間，天地亦是架漏 12 過時，而人心亦是牽補 13 度日，萬物何以阜蕃 14，而道何以常存乎？故亮以爲漢唐之君，本領非不洪大開廓，故能以其國與天地並立，而人物賴以生息。惟其時有轉移，故其間不無滲漏。曹孟德 15 本領一有蹺欹 16，便把捉天地不定，成敗相尋，更無著手處，此卻是專以人欲行，而其間或能有成者，有分毫天理行乎其間也。諸儒之論，爲曹孟德以下諸人設可也，以斷漢唐，豈不冤哉？高祖 17、太宗 18 豈能心服於冥冥乎！天地鬼神亦不肯受此架漏。謂之雜霸者，其道固本於王也。諸儒自處者曰義曰王，漢唐做得成者曰利曰霸。一頭自如此說，一頭自如彼做；說得雖甚好，做得亦不惡，如此卻是義利雙行，王霸並用。如亮之說，卻是直上直下，只有一箇頭顱做得成耳。

注釋

10 孟、荀論義利王霸：孟子和荀子

曾針對「義／利」、「王／霸」議題加以闡述。詳見《孟子．梁惠王》、《孟子．公孫丑》及《荀子．王霸》等篇。

11 伊洛諸公：指程顥（1032年–1085年，字伯淳，號明道，世稱明道先生）、程頤（1033年–1107年，字正叔，世稱伊川先生）兄弟。伊、洛都是水名，在洛陽附近，二程兄弟居住在洛陽，因此這裡用伊洛代稱他們。

12 架漏：屋子破漏，用架子暫時撐著；比喻只能彌補一時。

13 牽補：東牽西扯，修補破損的屋子；比喻只能彌補一時。

14 阜蕃：繁多茂盛，音ㄈㄨˋ ㄈㄢˊ。

15 曹孟德：曹操（西元155年–西元220年），字孟德，東漢末年政治家、文學家。

16 蹺敧：又作蹺蹊、蹊蹺，指怪異可疑或者違背常情。音ㄑㄧㄠ ㄑㄧ。

17 高祖：漢高祖，劉邦（西元前256年–西元前195年），字季。

18 太宗：唐太宗，李世民（西元598年–西元649年）。

BOX3 陳亮（西元1143年-西元1194年）：字同甫，號龍川，南宋思想家。

章旨詮釋

這段話大致的意思是說，自從先秦的孟子、荀子提出義、利與王、霸之辨，漢唐以來的儒者都沒真正弄清楚意思。一直到宋代，理學家把天理人欲談清楚了，才讓這些概念明朗。義與利的辨析在先秦就被反覆提出討論了，許多儒者自認延續孔孟思想中的某些原則，認為現實利益與義務不能混為一談，儒者盡社會責任是為了分所當為，而不是為了謀求利益。王、霸之辨即在這個價值上產生差異，王者盡義務，行的是合乎天理的王道。霸者謀私利，行的就是滿足人欲的霸道。

中國古代儒者幾乎都存在著尚古情懷，認為三代以前曾存在一個理想國度，聖王仁民愛物，人民安樂滿足。陳亮對此提出質疑，他說近代的儒者解釋歷史時，認為三代之所以是一個理想世界，那是因為聖王行的是天理，而漢唐以後，君王重視人欲，社會也就不理想了。然而，這個解釋卻無法說明為何除了三代以外，歷史上仍有一些君王能夠成就一番事業，創造長治久安之局面。於是這些儒者就提出另一套解釋，指出三代以後的時代若是有些成就，必然是因為在重視人欲、謀求利益時，偶爾也是會「暗合天理」的。總之，成功的執政必然是因為合乎天理之故，即便動機並非如此，也可能歪打正著。

陳亮對於這個解釋自然不是很滿意，他接著質問道：若是說這個論述成立的話，那麼難道千百年來的天地人心，都是在這樣湊合勉強的狀態下度過來的嗎？這段話所提出的問題在於，千百年來繁榮富庶的時代並非不存在，如果說三代以後的統治者全然都是從私欲出發，都不符合天理，那萬物又是如何生養的呢？這宇宙的道又是如何能一直存在的呢？很顯然的，陳亮此處提出這樣的看法，是本於他對歷史的觀察。歷史上開創長治久安之局的大一統帝國，對陳亮來說有著獨特的價值。天下能夠統一，帝國能夠建立，人民才能過上安定的日子。反之，如果沒有成功統一天下，霸業未成，那就是沒有掌握好治理天下的道理。陳亮舉了曹孟德當例子，指出亂世局面諸多歷史人物，都是因為其能力不足以平天下，這才是真正的「以人欲行」，沒能將天理好好貫徹、實踐。

基於這些討論，陳亮覺得當世儒者批判漢唐盛世的君王是很不合理的。他認為義與利本就是可以並行的，王道與霸業本也可相互為用。那些成就功業，建立大一統帝國的君王，都應該被稱頌、被肯定。當世儒者認為這些君王只是以人欲行，這完全忽略了他們的功績，忽略他們對人間的貢獻。

對朱熹來說，這個說法是十分危險

的。他針對陳亮肯定漢唐盛世的說法提出了反駁意見，可見他的〈答陳同甫〉一信：

文本選讀

4-2-2

老兄視漢高帝、唐太宗之所爲而察其心果出於義耶？出於利耶？出於邪耶？正耶？若高帝，則私意分數猶未甚熾，然已不可謂之無。太宗之心，則吾恐其無一念不出於人欲也。直[20]以其能假[21]仁借義以行其私，而當時與之爭者，才能知[22]術既出其下，又不知有仁義之可借，是以彼善於此而得以成其功耳。若以其能建立國家、傳世久遠，便謂其得天理之正，此正是以成敗論是非，但取其獲禽之多，而不羞其詭遇[23]之不出於正也。千五百年之間正坐[24]如此，所以只是架漏牽補過了時日，其間雖或不無小康，而堯、舜、三王、周公、孔子所傳之道，未嘗一日得行於天地之間也。

注釋

20 直：只。

21 假：借。

22 知：同「智」。

23 詭遇：不照規矩而駕車射獵；這裡用來比喻不以王道而得天下。

24 坐：因為。

章旨詮釋

朱熹這段話的意思是，陳亮在談漢高祖與唐太宗時，並沒有從他們的行為動機出發，只看到最後的成果。朱熹問陳亮，在審視漢高祖、唐太宗這些人的行為時，有沒有去思考過他們的心是出於「義」還是「利」呢？這個問題對朱熹來說之所以重要，是因為在他看來，即便是同樣的行為，也未必俱有等同的道德價值。他接著說，漢高祖得天下當然有私欲的成分，只是還不甚強烈，到了唐太宗，根本所有的念頭都是出自於私欲。唐太宗用仁義的外衣包裝這些私欲，而當時與他爭位的人，才能與智慧不及他，又不懂得用仁義包裝自己，這才讓唐太宗最後能夠成功。

如果只是看著事情的結果，認為這些君王開創了長久功業，就說他們的行為是合乎天理的，是秉持著正義的道德原則，這就是「以成敗論是非」，只在意他所取得的成就，而不看他的手段是否正當。

這樣的論述在朱熹看來當然有問題，以成敗論是非的理路一旦確立，最後可能只會成就為達目的不擇手段的梟雄。在朱熹看來，陳亮用以反駁當世儒者的論點是不成立的。陳亮認為千百年來天理不可能完全不曾被任何一個君王給貫徹，他的理由是歷史上確實存在穩定的時局，有帝王確實安頓過天下，而生命萬物也以此生不息。前面提到的漢唐盛世，就是陳亮心目中歷史上的光輝時代。

然而，這些偉大的帝國在朱熹看來仍是有問題的，他認為即便是政局穩定了，從三代、周公、孔子流傳下來的聖人之道並沒有被真正實踐。對朱熹來說，千百年來的天地還真的是個湊合著過日子的狀態，一直都沒有達到最好的境界，只是偶有合於天理，回歸正軌的情形，這是歷史上罕見的光亮。時代的轉輪並沒有真正朝向更好的地方推進，那些曾經被歌頌過的時代，畢竟都只是暫時的安穩，並不那麼完美。

陳亮的論述可能產生的問題在於，他為了糾正偏重價值理性的思路，反對只論動機純粹，卻不關心結果的主張，卻可能會以結果來反推動機之合理與否，這裡就會產生疑慮。更進一步說，陳亮心目中的「天理」和朱熹所認知到的可能存在著一定的距離。一個動機是否「合理」，並不能夠只由結果判定，即便我們肯定了漢唐盛世這個結果，我們依然不能保證促成這個結果的動機必然就是純粹理性的，是正確無誤的。同樣的，我們也可由這個角度反思朱熹所談的「天理」，思考這個天理的內容究竟是什麼，如果不只透過實際的

結果來肯認這個價值，那我們又該透過什麼樣的方式來確認這個「天理」是不是真的能夠成為一切行動的指導原則呢？

自今日的眼光來看，我們當然可以不必如這些儒者一樣，去信仰一個不存在的上古時代，去想像一個遠古的理想國度。陳亮與朱熹之爭，衝突的焦點在於如漢唐這樣的大帝國，是不是就真的是個理想的世界。對陳亮來說，戰亂當然是歷史最大的痛點，因此能夠終止長期分裂的局面之人，能夠一統天下的君王，就是在實務上最能夠解決問題之人。陳亮看見的時代細節不多，漢唐盛世在今日看來也必問題重重。某種程度上來說，朱熹的論點是完全不會出錯的，畢竟完美的世界根本不可能存在，朱熹所嚮往的美好國度，一直都是歷代知識分子的永恆鄉愁。

然而，此處我們要探討的，並不是誰的論述漏洞較少，並不是辯論的勝負。這段對話只是眾多書信往來的一小部分，真正的論辯牽扯的問題很廣很複雜，我們不可能在這個章節裡全部釐清。我們要探討的，是陳亮與朱熹在價值上的衝突，背後展開的兩種抉擇方向。

陳亮在意的是實際問題能否被解決，至於解決到什麼程度，則是可以在這個前提下繼續討論的。朱熹並不是不在意實際的問題，但比起這些，他更在意一個行為

的動機是否符合他的道德價值。這個看法可以追溯至先秦，傳統儒者很多都採取這個態度。漢代的董仲舒就曾提出「正其誼不謀其利，明其道不計其功」，意思是比起功利，更重要的仍是原則問題。支持這個看法的儒者，很多時候甚至會鄙視重視實際利益的論調。然而，面臨實際問題時，人是否能由這些論述直接獲得解決之道，卻是歷史上的儒者一直被詬病之處。

道德原則與實際事功孰先孰後，自古至今始終爭論不休。無論是基於什麼樣的原則，最終探討的都是我們心目中理想世界該是什麼樣的形狀。執政的原則會因為目標而有所改易，所謂的安定社會是否有不同層次的面貌？是否包含人民的精神世界？抑或只要豐衣足食，精神的富足並不那麼重要？這些都是有待討論的問題。（提問 f）

第三節：政府介入人民生活的原則與目的

前面我們談到的思想家們的主張雖然各異，但基本上都由上位者的角度出發，先預設了某個理想社會的樣貌，再透過上位者的作為落實。他們期待一個在能力、智慧等方面都超越人民的領導者來貫徹這些，積極實踐原先預設好的價值，來完成他們心中的藍圖。

我們可以試著追問，如果先預設了某個價值再想方設法去實踐，這真的是最合理的政治運作模式嗎？而這些預先設定好的價值又是如何確立的呢？人民所需求的真的是這些嗎？老子所思考的，正與這些反思有關。他認為，上位者不應該預先設定某些值得追求的價值，再以這些價值定義人民所需要的生活。

老子試著從返樸歸真的生活方式展開思索，減少不必要的欲望與期待，以此避免社會產生非必要的糾紛、混亂。

有趣的是，從整本《老子》實際的討論來看，許多主張仍圍繞著「君王如何治國」這個問題，可見理想社會要能夠實現，依然脫離不了政治的運作。

老子主張理想中的領導者「聖人」，應當「處無為之事，行不言之教」。

「無為」並非無所作為，而是順其自然而為。

而「不言」則意味著君王不刻意提倡正面的價值，不以立下道德典範的方式，教育百姓應當如何生活，因為一旦標榜特定的價值觀念就可能陷入對立與封閉的意識形態當中。

老子認為，只要君王對百姓生活不加以引導與干預，百姓便不會爭相追求某些價值，無端生出許多競爭的心態與作為。

智識高於常人者，也不會主動追求表現。不若前面提到的那些提倡各個正面價值的社會，只為了這些價值一旦被標示出來，便會讓人們開始去想像「更好的」生活樣貌，這會讓理想追求永無止境，人們也將一直為此疲於奔命。回過頭看，也許人們需要的從來沒有那麼多，有時反而是因著某些美好願景不斷被提出，也才創造了更多的需求，反而讓人們永遠無法被滿足。

所以老子認為，只要君王的角色退居無形，人民自然會過著富足和諧的生活。社會的和諧本已存在於人民的生活之中，而君王所要做的，僅僅是讓人民自然而然的過活而已。（提問 g）

而這個理想的生活樣貌，可見於《老子》這段文字：

文本選讀

4-3-1

小國寡民。使有什伯之器 25 而不用，使民重死 26 而不遠徙。雖有舟輿，無所乘之；雖有甲兵 27，無所陳 28 之。使民復結繩而用之 29。甘其食，美其服，安其居，樂其俗。鄰國相望，雞犬之聲相聞，民至老死不相往來。

注釋

25 什伯之器：眾多的器物。伯，同

提問 f：現代政治重視責任政治與責任倫理，這意味著政治人物必須為政策判斷負責。也就是 ，一個考量或政策是否恰當，不能只就其是否合乎普世的道德價值而定，更涉及後續的影響與配套措施等等。請問你覺得現代責任政治的想法，與上述朱熹、陳亮的想法有何異同？道德價值與實際效益是否只能二擇一？如果被迫面臨先後順序上的選擇甚至取捨，你更願意採取傾向何者的態度？

提問 g：如果老子的想法是希望統治者退居無形，你認為老子認為國家還需要統治者存在的原因是什麼？

「佰」。

26 重死：珍惜生命。

27 甲兵：鎧甲和兵械。泛指兵器。

28 陳：列。

29 結繩而用之：相傳上古時代還沒有文字，人們用結繩的方式來協助記憶與記事。這裡是表達民風淳樸、沒有心機。

章旨詮釋

「小國寡民」是老子描述理想政治樣貌的一段文字，也可能反映出他心中政治實踐的藍圖。老子面對的是國家相互攻伐、併吞的時代，強盛的國家不斷擴張領域、積聚人民，爲社會帶來許多混亂。小國寡民並未真正限定國家的人口與規模，而是透過突顯「小、寡」這類概念，對比於不斷追求繁榮與富庶的治國策略，以此反思這些過往被視為進步的價值標竿，是否真的符合群居生活之本質。

「什伯之器」、「甲兵」是對外征戰所需的器物，「舟輿」是長距離移動的代步工具。「使民重死而不遠徙」，意思是讓人民畏懼死亡、珍惜生命，不會任意遷徙、移居。

交流與戰亂有時是相應而生的。試想，假設某地本來已成一個自給自足的社會，若始終不與外地往來，這個社會的演進必然是很緩慢的。然而，一旦透過交通，外地的新事物就會進入這個地區的生活，也開啟了人民的物質欲望。人們的物質文明會演進的越來越快，不斷的交流、貿易絕對是最關鍵的原因。四通八達的交通網絡帶給人們更豐富多彩的物質生活，但也種下許多隱憂。

歷史上我們可以看見許多例子，比如白銀、火藥、香料的傳播，鑄造技術、航海技術等的交流，甚至是病菌和疫災的擴散，都曾改寫過各地的歷史。人類不斷創造新的願望，再發明新的生產工具去滿足這些欲望的無盡循環，讓文明越來越豐富，但似乎也永遠不知道什麼是滿足。這在老子看來並不符合自然的原則。小國寡民滿足了人們的生活日常，卻沒有超過自然需求的欲望，人民不會追求自己本未擁有的事物，也就沒有戰爭與遷移的必要。

從「使民復結繩而用之」中可見，連文字都不再是必要的。文字是人們創造出來紀錄更多、更繁瑣事物的工具，文明也因此得以積累，讓這個世代創造的事物，成為下一個世代能繼續前進的基石。但一切文明的發展與衝突、分歧，卻也由文字而來。老子希望人們「甘其食，美其服，安其居，樂其俗」，對於生活中的一切，人們感到相當的滿足。新的欲望不會被燃起，人們安穩的居住在各自的生活圈之

中，擁有淳厚善良的風俗。

在這段文字中，老子描述的雖然是「民」的生活樣貌，並未明確提及統治者之作為，但從文中屢次以「使」這個字帶出種種概念，可見這些生活樣貌並非全然憑藉人民的自主意識來成就，仍需由治理小國寡民的君王，透過「無為」的政治主張來實踐。「無為」並不等於無所作為，也沒有否定政治的意義。

從歷史的經驗來看，各種聲色財貨總是能夠勾起人性的欲求，社會發展的自然趨勢，不免會往相互奪利的方向發展。「自然」的生活可能無法自然而然發生，君王存在的意義，正是要透過「無為」的原則，提供足夠的條件，讓這樣的生活成為可能。某種程度來說，人民在政治上依然是沒有任何主導權的，他們仍然必須透過君王無形的轉化，才得以過著自然的生活。

以民主政治的眼光來看，人們擁有選擇理想生活的權利，政府的不當介入將違反人民的自由意志與權利，但若對社會活動完全不加以干預，忽視不同階層的人際互動之中，可能因為社經地位與文化資本的差異，造成每個人機會成本的不平等，是否就真的能夠為人民帶來自由的生活呢？從這個角度來說，「無為」的政治理念並不容易實現，因為執政者必須盡可能彌補社會結構的不平等，又要讓人民感受

不到任何不合理的限制。

老子的政治藍圖仍然以君王為核心，但在民主社會中，每個人都是政治的參與者。老子對政治與文明的關係所提出的反思，能夠以什麼形式存在於民主社會中，這是值得我們思考的問題。

最後做個結語：人作為社會運作的主體，透過種種政治討論實現社會的安定與繁榮，是古今一致的目標。思想與時代背景息息相關，我們所熟知的民主政治是以公民參與公共事務為前提，而政府的運作以法治為基礎，代表民意的議會則監督政府、審查政府預算以及制訂法律，確保國家利益與國民福祉。中國古代屬君權社會，思想家探討政治問題自然也以君王為核心，人民在政治問題中始終未能扮演主動的角色。透過這個明確的差異，我們可以更清楚民主的輪廓與界限，或許也能藉此追問，本單元介紹的這些不同說法中，是否有些核心的關懷至今依然是不變的？

問題與討論

1. 現代政治運作有一個特點，是政治運作需要考量公共輿論。發生重大爭議事件、施政滿意度過低，都有可能導致政治人物下台。「輿論」對每個政治決策來說極其重要，代表了人民的心聲。我們在今天也能夠透過報章、書籍或網路等媒體，更直接的反應我們的看法與感受。那麼，你認為「政治人物重視公共輿論」與「君王用『仁心』來體會『民心』」，有什麼不同的地方？又是否仍存有共通之處呢？

2. 隨著資訊網路越來越發達，新的生活方式也讓人類社會出現更多元的價值觀，如言論自由是否應保障仇恨、歧視言論，人民是否該無條件擁有被動的基本收入等等，這些都成為可以討論的議題。然而，每個生活在社會上的人，卻可能因著生活經驗、學思歷程的差異，各自有著一套判定是非對錯的標準。如果公共事務也必須基於道德判斷來討論，你認為我們是否會因為彼此的價值相衝突而難以擁有足夠的討論空間呢？為什麼？

3. 透過種種書寫，我們能看見社會底層的不堪與掙扎。近年來像是《做工的人》、《無家者》等書籍，都道出了階級不對等的辛酸。事實上，自古以來這個問題就一直存在著，社會上始終有人無法享有一般人的權利，包含了尊嚴甚至自由。請問，你認為這是人類自然發展的結果嗎？依據小國寡民的理想，這樣的局面應該要發生嗎？如果你身為執政者，希望貫徹順應人民自然發展的主張，又該如何面對這樣的狀況？

普通型高級中學國文 3

普審字第 109084 號
企　　劃 / 深崛萌
編輯顧問 / 吳勝雄（吳晟）、林淇瀁（向陽）、陳萬益、許又方、楊佳嫻、廖振富、廖玉蕙、駱靜如
主　　編 / 楊翠
執行主編 / 朱宥勳
編輯委員 / 石牧民、吳昌政、林廷諭、陳婉嫈、陳茻、莊勝涵、盛浩偉、曾琮琇、游勝輝、
趙弘毅、羅傳樵
執行編輯 / 許書容、陳冠禎
文字校對 / 周愛華、徐藝嘉
封面設計 / 林峰毅
內頁設計 / 林峰毅、Johnson Lin
插　　畫 / 61Chi －繪製〈福和橋〉
Kan －繪製〈現代詩選〉、〈一首詩的完成〉
左萱－繪製〈紅樓夢〉、〈虯髯客傳〉
金芸萱－繪製〈桃花源記〉、〈門〉
知岸－繪製〈唐宋詩選〉
葉長青－繪製〈中華文化基本教材第三單元〉、〈中華文化基本教材第四單元〉
蒲晴－繪製〈五代宋詞選〉
藍尼－繪製〈世界鋼琴家訪問錄－齊瑪曼〉
法律顧問 / 昱昌律師事務所林傳哲律師

發行人兼總編輯 / 廖之韻
創意總監 / 劉定綱
出　　版 / 奇異果文創事業有限公司
地　　址 / 臺北市大安區羅斯福路三段 193 號 7 樓
電　　話 /（02）23684068
網　　址 / http://www.facebook.com/kiwifruitstudio
http://www.titsia.com.tw
信　　箱 / yunkiwi23@gmail.com

總 經 銷 / 紅螞蟻圖書有限公司
地　　址 / 臺北市內湖區舊宗路二段 121 巷 19 號
電　　話 /（02）27953656
傳　　真 /（02）26954100
網　　址 /http://www.e-redant.com

印刷 / 永光彩色印刷股份有限公司

初　　版 /2020 年 8 月
ISBN/978-986-99158-2-3

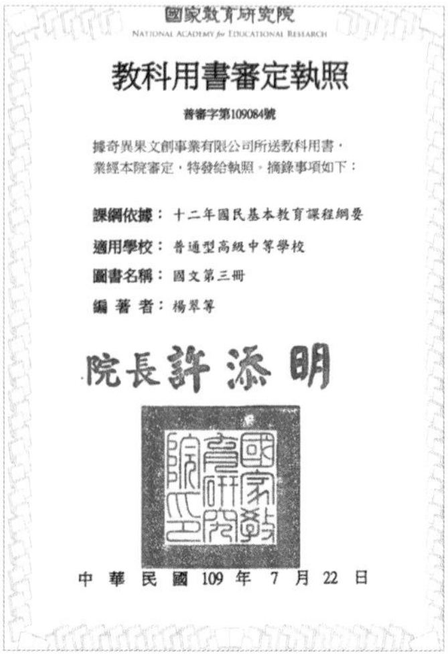
國家教育研究院
NATIONAL ACADEMY for EDUCATIONAL RESEARCH
教科用書審定執照
普審字第109084號
據奇異果文創事業有限公司所送教科用書，
業經本院審定，特發給執照，摘錄事項如下：
課綱依據：十二年國民基本教育課程綱要
適用學校：普通型高級中等學校
圖書名稱：國文第三冊
編 著 者：楊翠等
院長許添明
中 華 民 國 109 年 7 月 22 日